Günther Mees ◆ Heinrich Morthorst

Günther Mees

Heinrich Morthorst

Zwischen Kiepe
und Kreuz

© 2003 Aschendorffsche Verlagsbuchhandlung GmbH & Co., Münster

Das Werk ist urheberrechtlich geschützt. Die dadurch begründeten Rechte, insbesondere die der Übersetzung, des Nachdrucks, der Entnahme von Abbildungen, der Funksendung, der Wiedergabe auf fotomechanischem oder ähnlichem Wege und der Speicherung in Datenverarbeitungsanlagen bleiben, auch bei nur auszugsweiser Verwertung, vorbehalten. Die Vergütungsansprüche des § 54, Abs. 2, UrhG, werden durch die Verwertungsgesellschaft Wort wahrgenommen.

Gesamtherstellung: Druckhaus Aschendorff, Münster, 2003
Gedruckt auf säurefreiem, alterungsbeständigem Papier
ISBN 3-402-06445-6

Inhalt

Leben – Wunsch und Wirklichkeit	1
Kindheitserfahrungen als Lebensweisheit	5
Stolz auf Oldenburg	7
Der Onkel im Nazi-Knast	9
Dichter im Gefängnis	15
Ein Tag Schutzhaft	16
Der Weg nach Münster	19
Wiederaufbau in Münster	24
Nicht nur kleine Brötchen	28
Ehrenamt als zweiter Beruf	32
Sozial-kultureller Arbeitskreis	35
Ehre wem Ehre gebührt...	37
Der Start des Kiepenkerls in Münster	45
Geburt einer Werbefigur	47
Der »Kundenkreis« des Kiepenkerls	49
Wegweiser in die Vergangenheit?	54
Leben im Schatten von Lamberti	59
325 Jahre Bülter-Petri-Bruderschaft	63
Der »gute« und der »wahre« Montag	66
Der Münsterischen Bäcker ›Guter Montag‹	71
Aus der Chronik der Bäckergilde	73
Tradition nicht nur als Erbe	75
Kreuze tragen – oder ertragen?	80
Wenn die Kiepe des Lebens schwer wird...	82
Politik nicht nur für Freunde	85
Sorgen über die Zukunft unserer Gesellschaft	94
Coerde – Suche nach der heilen Welt	97
Zu Hause wie in Oldenburg	99
Heinrichs letzter und liebster Verein	102
Heilmittel gegen die Vereinsamung	106
Man muss die Feste feiern	111
Ausgang einer Lebensfeier	114
Kumpelment, Henrich!	119
Heinrich in seinen eigenen Worten	121
Den Kopf in die Hand nehmen und – schlafen	124

Zwischen Kiepe und Kreuz

Eine schöne Beerdigung hatte er sich gewünscht:
Mit Kiepenkerlen....

Leben – Wunsch und Wirklichkeit

Ja, ein »schönes« Leben hatte sich Heinrich Morthorst gewünscht: Der Kiepenkerl aus Münster, der stadtbekannte Bäckermeister, der stille Politiker hinter den Kulissen, der Bewunderer seiner Enkel, der gelegentliche Prediger in St. Norbert/Coerde und der Mittelpunkt einer großen Familie mit »Püppi«, seiner 1995 verstorbenen Frau.

Und einen »schönen« Tod mit einer »schönen« Beerdigung wollte er haben. Nein, kein Geld für »Adveniat« oder »Brot für die Welt«. »Die bekommen von den guten Leuten immer noch genug, wenn diese nur ihren Spaß haben. Und ich möchte Spaß mit meiner Beerdigung haben.« Viele Kränze und Blumen wünschte er sich auf seinem Grab und danach ein gutes Essen für alle, die dabei waren. »Denn wovon sollen schließlich das Handwerk und der Mittelstand leben, wenn es keine Kränze zu winden und Blumen zu verkaufen gibt, und wenn Kaffee, belegte Brötchen, Bier

... und vielen Kränzen.

und Korn – und Coca für die Kinder – keinen Platz auf einem Tisch finden? Die letzte Gelegenheit für den Mittelstand, Geld zu verdienen, ist immer noch der Tod.«

Sein Wunsch ging in Erfüllung: Während seiner Beerdigung war als letzter Gruß ein Hornsignal über die Büsche und Bäume des Zentralfriedhofs in Münster zu vernehmen. Die Gärtner und Blumenbinder hatten genug zu tun gehabt. Und beim Leichenschmaus gab es, wie Heinrich es sich gewünscht hatte, Kaffee, Brötchen, Bier, Korn und Coca in Fülle...

Die sarkastisch anmutende Begründung seines Wunsches entsprach seiner Vorstellung vom Leben, das er sich stets als »schön« gewünscht hatte. »Schön« war aber für ihn gleichbedeutend mit »gut«. Für ihn existierte der Zerfall von Gut und Schön noch nicht. Alles Gute war für ihn gleichzeitig auch schön. Und eine schöne Beerdigung war für ihn nichts anderes als der endgültige Schlusspunkt unter ein gutes Leben. Davon war er überzeugt. Und nichts beklagte er eigentlich mehr, als dass es vielen Menschen von heute – im Hinblick auf die letzte Bilanz ihres Lebens – eigentlich an einem gesunden Selbstbewusstsein fehle. Er besaß es bis zu seinen letzten Lebenstagen.

Doch wie sah sein Leben aus, das er sich zwar nicht von Anfang an wünschen und gestalten konnte? Was erfüllte sich, und was blieb von Wunsch und Wirklichkeit?

Wie etliche prominente Mitbürger aus Münster ist auch Heinrich Morthorst nicht in Münster geboren. Er kam am 2. März 1911 als erstes Kind der Eltern Theodor Morthorst (1884-1950) und Maria, geb. Budde (1886 -1966), zur Welt. Drei Täge später wurde er – wie es damals üblich war – in seiner Heimatpfarrei St. Catharina in Dinklage getauft. Vater und Mutter stammten aus Goldenstedt, wo deren Eltern einen landwirtschaftlichen Betrieb und eine Bäckerei unterhielten.

In der Morthorst-Familie spielte die erzählte Überlieferung eine große Rolle. So wusste man, dass das Elternhaus des Vaters 1700 von einem Protestanten namens Wessel erbaut worden war und deshalb auch die »Wesselei« genannt wurde. Als Heinrichs Urgroßvater von Dinklage in die damals nahezu protestantische Enklave Goldenstedt zog und die »Wesselei« erwarb, baute er das auch als evangelische Volksschule genutzte Gebäude um. Aus der Schule wurde ein Wohnhaus mit Stallung. Die Küche

Zwischen Kiepe und Kreuz

Blick in das alte Dinklage.

Aus der Jugendzeit:
Heinrich 1916 mit seinen Eltern und Geschwistern.

	1911		Familienname	Vornamen des Kindes, Eltern
r.	Tag der Geburt/Taufe		des Kindes	und Paten
24	2.3.	5.3.	Morthorst	Heinrich Joseph (1. Kind, getraut 25.10.1938 in Cloppenburg mit Maria Johanna Tebben, getraut 28.10.1943 in Fürstenau mit Agnes Langers). Eltern: Ehel. Bahnwärter Theodor Heinrich Morthorst u. Maria Johanne Budde, Dinklage. Paten: Johann Heinrich Morthorst. Margaretha Budde.

Seite 476

Eintragung aus dem Taufregister St. Catharina-Dinklage.

war nicht von der Diele getrennt. Drei Kühe und das Pferd lebten mit unter einem Dach. Die Toilette hatte nur eine halbhohe Tür.

Heinrich und seinen Geschwistern erschien das Haus unwahrscheinlich alt. Dennoch war es eines der lebendigsten Mittel- und Treffpunkte nicht nur für die Morthorst. Heinrichs Schwester Thea, die als Ordensfrau den Namen M. Birgitta trägt, erinnert sich, dass an den Sonntagen im Winter nach dem Hochamt die Stube von fremden Leute gefüllt war. Man kam hierher, um eine Tasse heiße Suppe zu trinken und einen Zwieback dazu zu essen. Auf dem Ofen in der Ecke des Zimmers stand noch eine zweite Terrine mit Suppe, falls die erste auf dem Tisch nicht reichte. Wenn die Leute sich aufgewärmt hatten, machten sie sich auf den Weg nach Hause in die nicht immer nahe gelegenen Bauernschaften.

Hier lebte Heinrich auf. Das Haus seiner Großeltern ist für ihn zeitlebens ein Stück Heimat geblieben. Bis in seine letzten Lebensjahre zog es ihn immer wieder dorthin. Oft verbrachte er bei der Familie seines Vetters Bernhard Uhlhorn, dem jetzigen Hauseigentümer, seinen Urlaub.

Kindheitserfahrungen als Lebensweisheit

Die Lebensverhältnisse, die er in seiner Kindheit beobachtet und erfahren hat, haben ihn nachhaltig für sein späteres Leben geprägt. Sie gab er nicht selten in seinen Berichten, Begegnungen und Ansprachen wieder.

Sein Großvater, ein Bäckermeister, war nach seiner Erinnerung eine starke Persönlichkeit, klug, humorvoll und den Menschen zugewandt. Die Großmutter überzeugte durch ihre ruhige und liebevolle Gelassenheit, mit der sie die Ausbildung und den Werdegang der neun Kinder begleitete. Wessen Handschrift nicht gut war, der musste ein Übungsheft anlegen, das sie kontrollierte. Sie sorgte dafür, dass August, der älteste Sohn, nach dem Besuch der Volksschule bei einem Lehrer Privatunterricht bekam, damit er sich auf das Lehrerseminar in Vechta vorbereiten konnte.

Die Oldenburger, die kirchlich zum Bistum Münster gehören, das wiederum in dem Offizial in Vechta einen eigenen Vertreter hat, sind wegen ihrer Treue zur Religion und zur Kirche bekannt. Kirchliches Leben und religiöses Brauchtum erlebte Heinrich in Standesvereinen, Jugendgruppen und in den Familien. Von seiner Oma wusste ein Geistlicher nach ihrem Tod zu berichten: »Diene Oma is so hoch in den Himmel kaomen, dor könnt wie all nich an klingeln.« (Deine Oma ist so hoch in den Himmel gekommen, dass wir alle nicht daran klingeln können.) Sie habe viel Gutes getan, besonders wenn es sich um verschwiegene Not handelte. Als er – damals junger Kaplan in Goldenstedt – versetzt wurde und ein Wagen mit seinen Habseligkeiten auf der Straße gestanden habe, sei sie mit einem Paket frischer Brote gekommen, habe sich vorher umgesehen, ob sie auch unbeobachtet war, und es dazu gelegt. Als plötzlich doch eine Frau da war, habe sie fast entschuldigend gesagt: »Dann hat der Junge schon mal Brot, wenn er in die leere Wohnung kommt.«

Heinrichs Mutter wusste zu erzählen, dass sie in der Inflationszeit einmal geweint habe, weil die Brotkarten für die damals schon achtköpfige Kinderschar nicht zum Sattessen gereicht hätten. Plötzlich habe es an der Haustür in Dinklage geklingelt und Oma aus Goldenstedt habe mit einem Brotpaket an der Tür gestanden. Sie hatte sich – zu Fuß und mit der Bahn – auf den langen Weg gemacht, um zu helfen. Später wurden Heinrich und seine Geschwister selbst von ihren Eltern ausgeschickt, um Armen und Notleidenden etwas zum Essen zu bringen. Hierfür gab es einen Korb, dessen Deckel sich nur mit einem Spezialschlüssel öffnen ließ. Die Kinder gaben den Korb mit dem Schlüssel ab, damit die Beschenkten ihn allein öffnen konnten, und baten dann um die Rückgabe des Korbes. Das Waisenhaus in Damme wurde regelmäßig bedacht. Jahr für Jahr nahm die Familie ein von der Caritas ausgesuchtes Kind in der Ferienzeit auf, damit es wieder »richtig durchgepäppelt« wurde. In der Weihnachtszeit kam für einen Tag stets eine Gruppe von 30 Kindern aus dem Vinzenzhaus in Cloppenburg, um einen schönen Nachmittag mit Kakao und Plätzchen zu verleben. Der Vater spielte dann auf dem Bandoneon Weihnachtslieder. Gemeinsames Singen, mit Nachbarn oder Gästen, gehörte zur regelmäßigen Praxis in der Familie.

Das tägliche Gebet war in den Morthorst-Familien die Quelle einer beständigen Kraft. Tiefe Gläubigkeit verband die Familienmitglieder auch untereinander. Als Heinrichs Vater 1950 zum Sterben kam, sagte er zu den Kindern: »Unsere Mutter wird mich holen.«

Heinrichs Vater war Reichsbahnsekretär in Dinklage, musste aber auf Grund seines Berufes die ihm jeweils zugewiesenen Dienstwohnungen viermal wechseln. So lernte der junge Heinrich neben Dinklage später auch Damme, Lutten, Emstekerfeld und Cloppenburg kennen. In 30 Dienstjahren hat er nur einen Tag gefehlt. Und in dieser bewegten Zeit kamen bis 1927 neun weitere Geschwister in die Familie: sechs Schwestern und drei Brüder, von denen zwei im letzten Krieg zu Tode kamen. Die Schwester Hermine war bereits mit drei Jahren gestorben. Die 1924 geborene Schwester Thea wurde Ordensfrau in der Kongregation der Schwestern Unserer Lieben Frau, die 1850 in Coesfeld gegründet worden ist und in Vechta ein Provinzialat unterhält.

Die große Kinderschar wurde in Repekt vor den Eltern erzogen. Der disziplinierte Vater duldete keine Wehleidigkeit oder unbeherrschtes Verhalten. Bei Tisch durften die jüngeren Kinder

Zwischen Kiepe und Kreuz

Die Burg Dinklage. Stammsitz der Grafen von Galen.

nur sprechen, wenn sie gefragt wurden. Bevor die Mädchen abends zu Bett gingen, machten sie einen »Knicks« vor dem Vater, sagten »Gute Nacht« und gaben ihm die Hand. Während das Plattdeutsche die tägliche Umgangssprache war, hielt der Vater darauf, seine knappen pädagogischen Weisungen hochdeutsch zu formulieren. So sagte er einmal: »Wer schreit, hat Unrecht.« Diese Aussage wurde in der Familie politisch aktuell, als Hitler zum erstenmal im Radio zu hören war. »Der Onkel schreit«, dachte Schwester Thea, »der hat Unrecht.«

Stolz auf Oldenburg

Heinrich war stolz auf seine Herkunft aus dem »Oldenburger Münsterland« und auf seine Geburt in Dinklage. In Dinklage war nämlich auch der spätere Kardinal Clemens August Graf von Galen zu Hause, der »Löwe von Münster«, wie ihn das Volk wegen seiner kämpferischen Haltung gegen die Nazis nannte. Heinrich hatte sich die Beharrlichkeit eines Bauern und jene stille Kraft bewahrt, die er aus der glaubensmäßigen Einheit des Landes und seiner Mitbürger bezog. Allerdings war er keineswegs so wortkarg und herb-verschlossen, wie man es den Südoldenburgern nachsagt. Hingegen beweglich, unternehmenslustig ohne spekulativ zu sein und anpassungsfähig, wozu ihn nicht nur die neun Geschwister anhielten. Der Kreis Vechta war seit Jahrzehnten ein überaus kinderreiches Gebiet und zählte deshalb zu jenen Gegenden in Deutschland, die eine große Zahl von Auswanderern nach Übersee stellten.

Und obwohl die materielle Not der Nachkriegszeit und Inflation auch die Kinder- und Jugendzeit von Heinrich Morthorst prägte, wurden in einem hohen Maß jene Tugenden praktiziert, von denen eine Gesellschaft lebt: Nachbarschaftsgeist, Gastfreundschaft und Toleranz. Zweifellos erfolgte die Erziehung der Kinder für heutige Begriffe nach strengen Maßstäben, dennoch durften sie stets zum Spielen nach Hause mitbringen, wen sie mochten. Die achteckige Bank unter der Trauerweide bot 30 Kindern Platz, vor allem wenn diese hier ihr Schützenfest feierten.

Heinrich war damals unter den Mitspielern vor allem als Schauspieler, Autor und Organisator gefragt. Die von ihm verfassten Theaterstücke übte er mit den Nachbarkindern und den Geschwistern ein. Die Aufführungen fanden im Holzschuppen des Hauses statt, und für die Gäste wurden sogar, zum Entsetzen der Mutter, einmal die Plüschsessel aus der »guten Stube« herbeigeschafft. Natürlich achtete Heinrich darauf, dass auch ein »obolus«, ein Eintrittsgeld entrichtet wurde.

Für die immer größer werdende Verwandtschaft standen zu jeder, auch oft ungelegenen Zeit die Türen offen. Bettler, die an der Haustür schellten, gingen nie ohne ein Butterbrot fort. Klopfte einer zur Essenzeit an, wurde er an den Tisch zum Mitessen eingeladen. Nicht selten zum ängstlichen Entsetzen der Kinder wegen des Aussehens der plötzlichen Gäste.

Oft kamen bis zu 20 Theologiestudenten zu Besuch, Freunde des Bruders Willibald (1914-1943, gefallen in Russland), der seit dem Sommersemester 1934 in Münster Theologie studierte. Sie füllten das Haus mit ansteckender Lebensfreude. Sie wollten bei Morthorst einfach »mal auftanken«. Darunter waren Johannes Bours, von 1952 bis 1984 Spiritual vornehmlich am Priesterseminar in Münster, und Karl Leisner, 1996 selig gesprochen wegen seiner mutigen und opferbereiten Haltung in der Nazi-Zeit und im Konzentrationslager.

Obwohl die sich anbahnenden revolutionären Änderungen in der bestehenden gesellschaftlichen Ordnung auch in der Familie Morthorst nicht unbeachtet blieben, hielt Heinrichs Vater stets auf Toleranz und gute Umgangsformen. »Wir gehen mit allen Leuten gut um«, war seine Weisung. Als Beamter der Reichsbahn musste er Parteimitglied werden. Das hinderte ihn nicht daran, wie bisher den Kontakt zu jüdischen Mitbürgern aufrechtzuerhalten. Gute Freunde waren und blieben die unmittelbaren evangelischen Nachbarn, auch wenn sie in Parteiuniform erschienen. Ein öffentliches Amt hat der Vater nie bekleidet. Dennoch genoss er ein hohes Ansehen. Als der Krieg zu Ende war, wurde er gebeten, als Stadtrat an der Neuordnung der Stadtverwaltung in Cloppenburg mitzuarbeiten.

Der Onkel im Nazi-Knast

Die »neue Zeit« brach für die Morthorst-Kinder plötzlich und brandmarkend an. Als die damals 11 Jahre alte Thea mit ihrer neunjährigen Schwester über die Straße ging, rief ihnen von der anderen Seite ein Junge hämisch zu: »Wisst ihr, dass euer Onkel im Knast sitzt?« Heinrich war damals 24 Jahre. In der Familie war nie darüber gesprochen worden, dass Onkel Franz als Vikar von Vechta für einige Wochen in der dortigen Haftanstalt wegen nazifeindlicher »Umtriebe« inhaftiert worden war. Inwieweit Heinrich hierüber informiert gewesen ist, lässt sich heute nicht mehr genau rekonstruieren. Sicher ist, dass er schon früh zu »Onkel Franz« ein enges Verhältnis unterhalten hat. Und mehr als dies: Der priesterliche Onkel wurde für ihn in vielfa-

Der grundsatztreue Onkel: Prälat Franz Morthorst.

cher Weise zu einem geistigen Wegweiser und väterlichen Freund. Heinrich erlebte dessen herzliche Zuwendung zu den Morthorst-Kindern und seine humorvolle Art im Umgang mit ihnen, denn bei jedem Familienfest war Onkel Franz dabei. Nur so lassen sich Heinrichs breite Anlagen erklären, die er bei seinem Onkel beobachten und im eigenen Leben nachahmen konnte. Zu diesen unverwechselbaren Anlagen gehören vor allem die sprachliche und schriftstellerische Ausdrucksstärke, seine Charakterfestigkeit, die Liebe zur Kirche, sein Humor und seine Leidensfähigkeit. Mit 14 Jahren begann sein allmählich von der Familie losgelöstes, spannungsreiches »Leben zwischen Kiepe und Kreuz«.

Die wachsende Selbständigkeit setzte nach dem Besuch der Volksschule und der sog. Bürgerschule in Dinklage ein. Mit 14 Jahren begann er eine Lehre in der Maschinenbau-Fabrik Holthaus. Doch als der Vater 1926, ein Jahr später, nach Damme versetzt wurde, erkrankte Heinrich und konnte die Lehre nicht fortsetzen. Über ein Jahr hinweg hatte er mit einem Herzleiden zu tun, das mit mehreren Krankenhausaufenthalten verbunden war. Gern wäre er, wie sein Vater, Eisenbahner geworden. Aber man konnte ihn wegen seiner erst kurz überstandenen Krankheit nicht einstellen.

Geblieben ist aus dieser Liebe zur Eisenbahn sein späteres Hobby: Man konnte Heinrich mit einem Eisenbahn-Buch oder Kalender glücklich machen. Die Erben besaßen am Ende seines Lebens über 80 Bücher zum Thema »Eisenbahn« und auf einer fast einen Meter langen naturgetreuen Miniaturanlage eine batteriebetriebene und durch zwei Signale gesteuerte Dampflok, die hupend und zischend von einem Ende zum anderen fuhr. Heinrichs liebstes »Spielzeug« in seiner letzten Zeit. »Solange die Batterie mitmacht«, meinte er...

Doch aus dem Eisenbahnberuf wurde nichts. Auf einem Musterhof nahm er eine zeitweilige Anstellung als »Staatlich geprüfter Geflügelwärter« an. Allerdings war abzusehen: die »Hühnerei« war nichts für ihn. Schließlich fand er in der Bäckerei West in Fürstenau eine Anstellung als Lehrling. Hier war er vom 1. Februar 1930 bis zum 27. September 1933 eingestellt und absolvierte die dreijährige Bäckerlehre mit der Gesellenprüfung. Sein Lehrherr bestätigte ihm am Tag seines Ausscheidens, Hein-

Zwischen Kiepe und Kreuz

So lange es die Batterie zulässt:
Mit Sohn, Enkelkind und Urenkel vor der Modelleisenbahn.

rich habe sich in dieser Zeit »treu, ehrlich und fleißig« gezeigt, »mit seinen Arbeiten war ich sehr zufrieden«. Der »Germania« – Zentralverband Deutscher Bäcker-Innungen, Quakenbrück, stellte ihm den Lehrbrief und das Prüfungszeugnis über die Gesellenprüfung aus.

Diese Zeit ist zugleich der Beginn einer späteren tiefen Freundschaft zwischen Heinrich und seinem Onkel Franz, der am 13. Dezember 1894 in Goldenstedt geboren worden war und Weihnachten 1920 seinen Berufswunsch mit der Priesterweihe im Dom zu Münster besiegeln konnte. Bis 1925 war er als Vikar in St. Marien Delmenhorst, einer kleinen Industriestadt mit vielen polnischen Arbeitern, tätig. Um seinen ausländischen Mitchristen menschlich nahe sein zu können, lernte er die polnische Sprache. Selbstverständlich war er auch Präses in der Katholischen Arbeiter-Bewegung (KAB).

1925 wurde Franz Morthorst nach Vechta versetzt, wo er zunächst als Vikar an St. Georg tätig war, dann aber als Hauptschriftleiter der »Oldenburgischen Volkszeitung« (OV) berufen

Lehrbrief und Prüfungszeugnis vom »Germania« Zentralverband Deutscher Bäcker-Innungen.

Das Zeugnis für den Bäckerlehrling 1933.

Zwischen Kiepe und Kreuz

wurde, damals das Organ der Oldenburgischen Zentrumspartei. Vor allem in Oldenburg wurde Ende der zwanziger Jahre ein scharfer politischer Kampf gegen die stark anschwellende Nationalsozialistische Partei geführt, die nach den Wahlen im Frühjahr 1932 in Oldenburg an die Macht kam.

Die Leitartikel des mutigen jungen Redakteurs Franz Morthorst wurden über Oldenburg hinaus beachtet. Auch Heinrich war durch seinen Onkel beeindruckt. Offenbar auf seinen Rat hin schloss er sich 1929 der Kolpingsfamilie an. Ihn faszinierte das Kurzprogramm von Adolph Kolping, der von seinen Mitgliedern »lediglich« verlangte, ein guter Christ, ein guter Handwerker, ein guter Familienvater und ein guter Staatsbürger zu sein. Die Kolpingsfamilie Münster-Zentral hat ihn für seine langjährige Mitgliedschaft mehrfach geehrt. Für den Kolpingssohn Heinrich blieb die Feststellung von Kolping bestimmend: »Anfangen ist oft das Schwerste, aber Treubleiben das Beste.«

Seinem Onkel Franz blieben unter der Nazi-Zeit die Neuanfänge nicht erspart: Da kam Juli 1932 bereits das Verbot der OV durch die Nazis. Nach wenigen Tagen erschien sie wieder mit einem Leitartikel des mutigen jungen Chefredakteurs unter der

Familienfoto von 1933.
Heinrich in der oberen Reihe, Dritter von links.

Schlagzeile »Für Wahrheit, Recht und Freiheit«. Als er ein Jahr später die Redaktion endgültig niederlegen musste, führte er als Kolpingpräses in Wort und Schrift, auf Podium und Kanzel den Kampf gegen die Nazis fort. 1935 war es so weit: Als Präses des Gesellenvereins und als »Zentrumskaplan«, wie ihn die Nazis nannten, wurde er verhaftet und in Vechta in Schutzhaft genommen. Ein treuer Vollzugsbeamter des dortigen Gefängnisses hat es sogar gewagt, den Vikar in seiner Zelle zu fotografieren. Er hat somit der Nachwelt ein außergewöhnliches Dokument von einem Geistlichen überliefert, dem seine heitere Gelassenheit und seine Fröhlichkeit dazu verholfen haben, die drei Wochen im Gefängnis mit Würde und zur Erheiterung und Bestärkung der mehrheitlich zu ihm stehenden Aufseher hinter sich zu bringen.

Der Chefredakteur der »Oldenburgischen Volkszeitung« in seinem Arbeitszimmer.

Dichter im Gefängnis

Heinrichs Onkel Franz Morthorst war nicht nur ein »scharfer« politischer Leitartikler. Durch seine plattdeutschen Morgenansprachen im Rundfunk, durch seine Erzählungen und seine zahlreichen Natur- und Heimatgedichte war er über Oldenburg hinaus als »Heimatdichter« bekannt. Wen wundert es, dass er sich auch im Gefängnis seine Reime auf seine Schutzhaft machte. Durch seine »Antinazistischen Lieder« war er bereits den Oldenburger Parteigrößen zu einem Dorn im Auge geworden. Sein »Lied vom Kreuzkampf«, gegen den Nazi-Minister für Kirchen und Schulen, Dr. Pauly, gerichtet, durfte zwar nicht öffentlich gesungen werden, war aber unter der Melodie »Prinz Eugen« zu einem katholischen Untergrund-Schlager geworden:

1. Dr. Pauly, fest entschlossen,
steht vor den Parteigenossen,
wichtig hebt er seine Hand:
So, die Stunde ist gekommen,
jetzo wird aufs Korn genommen
das verbohrte Münsterland!
...

11. Und es singt die Schar der Streiter:
All ihr Führer, all ihr Leiter!
Nehmt es sorgsam euch ins Ohr:
Stürzt ihr euch auf unsern Glauben,
wollt ihr unser Kreuz uns rauben,
setzen wir ein »P« davor!

Heinrich nahm diese Oldenburger »katholische Kampflyrik« mit Begeisterung auf. Sie stand für ihn – wenn auch auf einer anderen Ebene – gleichwertig mit den Predigten des aus Dinklage stammenden Bischofs von Galen. Nicht weniger aber bewunderte er seinen Onkel, dass dieser im »Knast« sein Schicksal mit Geduld und Humor ertrug und neben der Herstellung von Matten aus Bast und Rohr die Idee zu einem Gedicht mit dem Titel »Ein Tag Schutzhaft« fand:

Ein Tag Schutzhaft
von Franz Morthorst

Morgenschimmer graut im Osten,
Janzens Hahn gibt schon Bescheid;
Brüder, jetzt verscheucht den Schlummer,
Im Moment ist Weckenszeit.

Peng! Schon knallt die große Klingel
Durch den Flur mit hartem Schlag;
Krachend lockern sich die Riegel,
vor uns steht ein neuer Tag.
Man besorgt die Morgenwäsche,
Gibt der Bude ihren Schmiss,
Zackig wird das Bett gerichtet,
Wie man's lernte beim Kommiss.

Frühstück! Prompt erscheint der Kaffee
Und ein strammer Kanten Brot.
So, bis Mittag bist du sicher
Gegen Durst und Hungersnot.

Als Gewürz für alle Fälle
Steht dabei ein Fässchen Salz;
Und als Aufstrich, ja, da staunst du:
Allerbestes Schweineschmalz.

Arbeitszeit! befiehlt die Glocke,
Ein entscheidendes Signal.
Dass die Hände schaffen können,
Das erspart uns manche Qual.

Sei gegrüßt, du braver Rohstoff,
Bist du auch bloß Bast und Rohr;
Arbeitslos die Haft verbrüten -
Gott bewahre uns davor!

Platzzeit! ruft des Meisters Stimme.
Freizeit, eine Stunde lang;
Stumm, im Gänsemarsch geordnet,
Machen wir den Morgengang.

Sonne leuchtet aus Südosten
Und im Grase blinkt der Tau,
Bienen auf den Butterblumen,
Schwalben segeln hoch im Blau.

Gottes Welt im schmalen Ausschnitt,
Gerne ruht darauf der Blick;
Weiter geht es Rund' um Runde
Um das krause Rasenstück
Platzzeit aus! Im alten Tempo
Läuft das Tagwerk seinen Trab;
Mit dem Bastkranz in den Fingern
Haspeln sich die Stunden ab.

Essen holen! diese Kunde
Stärkt uns Tag für Tag den Mut;
Vater Philipp ist gestrenge,
Aber füttern tut er gut.

Nach vollbrachter Mittagpause
Stund' auf Stunde schafft die Hand.
Fern die Ziegeleisirene
Meldet uns den Tagesstand.

Feierabend! Rasch geordnet
Was gewirkt aus Rohr und Bast!
Hausknecht bringt die Abendspeisung,
Dann noch ein paar Stunden Rast.

Sonne duckt sich hinter Mauern,
Wärter rüsten sich zur Wacht,
Riegel gleiten in die Scheiden,
Jetzt, Gefährten, gute Nacht!

Juli 1938 wurde Franz Morthorst mit dem Offizial Vorwerk und vier anderen Geistlichen aus Oldenburg ausgewiesen. Der Bischof übertrug ihm eine Vikarstelle in Warendorf. 1946 konnte er wieder in seine Heimat zurückkehren und wirkte bis zu seinem Tod am 6. Juli 1970 in Cloppenburg. Inzwischen war er Prälat und Ehrenpräses der Oldenburgischen Kolpingsfamilie geworden. Heinrich besuchte ihn, so oft er konnte. Sie fuhren dann zusammen ins Moor oder Herrenholz, zwei wunderbare Naturreservate in der Nähe von Goldenstedt. Die Liebe zur Natur, zur plattdeutschen Sprache, ihre tiefe Gläubigkeit und der Mut, christliche Grundsätze auch in der neuen Zeit zu leben und zu verteidigen, führte sie regelmäßig zusammen. Diese Haltung brachte Heinrich in den fünfziger Jahren zeitweise mit dem Volksprediger Johannes Leppich zusammen, auch »Maschinengewehr Gottes« genannt. Doch Heinrichs Erwartungen erfüllten sich nicht: Die Münsteraner mochten den in anderen Städten überaus erfolgreichen Jesuitenpater wegen seiner drastischen Ausdrucksweise nicht. In Münster war eben alles anders, auch in der Kirche...

Als Heinrichs Onkel »im Knast« saß, wie die Kinder auf der Straße riefen, war auch für den Bäckergesellen wieder ein Neuanfang gekommen. Er machte sich nach dem Abschluss seiner Prüfung auf die »Walz« und nahm in der Bäckerei Mühlsteph in Polz/Mecklenburg eine Arbeit als Geselle an. Heinrich erinnert sich:

»Also in Mecklenburg, da waren der Meister, ein Lehrling und ich. Der Meister fuhr Montag und Donnerstag nach Lenzen, zwei Pferde vor dem Wagen, um Brot zu verkaufen. Ein Weg war neun Kilometer lang. Im Dorf waren die meisten Bauern, die backten ihr Brot selbst. Und ich fuhr dienstags und freitags nach Döbis, das waren sieben Kilometer, um Brot zu verkaufen. Auch ich mit zwei Pferden vor dem Wagen. Samstags fuhr ich in die Bauernschaften. Mittwochs wurde nicht gefahren, da hatten die Pferde ihren Ruhetag. Dann bin ich damals schon jeden Mittwoch mit der Kiepe auf dem Rücken, mit Brot drin, und einem Korb am Arm mit Brötchen und Kuchen zum Verkaufen zu Fuß unterwegs gewesen. Also, ich bin als echter Kiepenkerl im Bäckerhandwerk angefangen. Ich muss sagen, das habe ich gern getan. Nachher bekamen wir dann ein Auto.«

Zwischen Kiepe und Kreuz

Heinrich, der damals regelmäßig um vier Uhr morgens aufstand, lobt seinen Lehrmeister, der ihn auch gelegentlich vertreten habe, wenn er krank war. Als Aushilfe nahm der Chef dann Emil mit, einen Friseur aus dem Dorf. Doch beide, der Chef und Emil, waren jeweils überrascht, dass Heinrich seinen Verkauf stets eine Stunde früher und mit einem besseren Ergebnis als sie hinter sich gebracht hatte. »Meister«, sagte Heinrich, »wenn ich mein Brot verkauft habe, dann hab' ich mich bewegt. Ich bin immer gelaufen, immer, um das schnell abzuwickeln. Ein Bäcker muss flott sein, sonst wird er nichts.«

Nur einmal habe er in dieser Mecklenburger Zeit Urlaub gehabt. Und mit der Genauigkeit eines Computers weiß er auch noch die Zeit anzugeben: »Das war vom 6. bis 18. Juli 1936. Da war ich in Garmisch-Partenkirchen und in München, wo mein Bruder in einem Freisemester Theologie studierte. Die Bahnfahrt von Wittenberge, das liegt zwischen Berlin und Hamburg, nach München und zurück kostete 29,90 Mark.« Auf die Frage, woher er das noch so genau wisse, antwortete er: »Das hab' ich im Kopf und nie trainiert.«

Der Weg nach Münster

Heinrichs Weg nach Münster bahnte sich auf ganz normalem Wege an: Nachdem er sich beruflich nun einmal für den des Bäckers entschieden hatte, ging er zur Vorbereitung auf die Meisterprüfung in den Betrieb Frerker in Cloppenburg. Hier legte er die praktische Prüfung ab. Die theoretische Meisterprüfung bestand er vor der Handwerkskammer in Oldenburg. Damit war der Weg frei für die Gründung einer eigenen Existenz.

Eine Zeitungsanzeige im »Münsterschen Anzeiger«, heute »Westfälische Nachrichten«, ebnete ihm 1938 den Weg in die Bäckerei Kosmann in der Bergstraße 8, wo er sich einmietete. Er kannte hier niemanden. Seine Ausrüstung, mit der er sich der neuen Aufgabe stellte, waren ein Rohrplattenkoffer, ein Persil-Karton mit persönlichen Unterlagen und ein Fahrrad. Der Anfang war schwer. Später hat er erfahren, dass es in den letzten 10 Jahren bereits 10 Inhaber des angemieteten Geschäftes gegeben habe. Doch Heinrich war nicht allein: Seine Schwester Josefa

Hochzeitsbild von 1938
mit Maria Tebben,
Heinrichs erster Frau.

Im Krieg: Heinrich vor
seinem Einsatzwagen.

Der Kiepenkerl 1944 als Motiv eines Durchhalte-Plakats. Herausgegeben von der »Gaupropagandaleitung Westfalen-Nord«.

Als Soldat (untere Reihe rechts).

»führte ihm den Laden und den Haushalt«, wie man damals zu sagen pflegte. Die Wohn- und Arbeitsbedingungen waren allerdings alles andere als begeisternd. Vorne an der Front der Bergstaße war der Laden mit dem Durchgang für den Besitzer. Die Toiletten befanden sich auf dem Hof in kleinen Holzbuden. Im kalten Winter von 1939/1940 war alles zugefroren, so erinnert sich Heinrich: »Da sind wir mit der Straßenbahn zur Toilette am Bahnhof gefahren.« Überall habe man noch so etwas wie eine Art »Klassengesellschaft« gespürt. Der Kampf um die Existenz des kleinen Betriebs wurde über die Preise ausgetragen. Doch Heinrich sagte sich damals: »Die anderen haben so gekämpft mit den Preisen und gingen dabei selbst unter. Und da hab' ich mir gesagt: Dein erster Konkurrent muss ein guter Freund werden. Das hat geklappt: Ich konnte gut existieren und er auch.« Sein Konkurrent war Theo Künnemeyer in der Tibusstraße.

Die Brötchen kosteten damals vier Stück 10 Pfennig. »Ein Stück für drei Pfennig. Also kaufte man meistens zwei Stück für fünf Pfennig. Ein ›Amerikaner‹ war für 10 Pfennig zu haben. Zwei oder drei Pfund Graubrot – das weiß ich nicht mehr genau – zwischen 70 und 90 Pfennig.«

Politisch standen die Zeiten bereits auf Sturm. In der Nacht zum 9. November 1938 erlebte er hautnah die »Kristallnacht« der Nazis gegen die jüdischen Mitbürger in Münster. Im gleichen Hause befand sich ein jüdisches Geschäft.

Doch diese Zeit war für Heinrich Morthorst, der zwei Jahre zuvor in Mecklenburg zum ersten Mal die Kiepe geschultert hatte, auch zugleich die erste Erfahrung mit dem persönlichen Kreuz: Als am 16. Oktober 1939 sein Sohn Heinz Theodor geboren wurde, starb kurz darauf am 22. November seine Frau. Seine Schwester war wieder da, um zu helfen. Zeitweise konnte er sich auch auf die beiden anderen Schwestern Thea und Maria verlassen.

Aber der ausgebrochene Krieg verlangte seinen Tribut. Heinrich erinnert sich: »Am 10. Mai (als der Krieg gegen Frankreich erklärt wurde) war ich in der Backstube im Hof. Da flogen nachts die Flugzeuge über Holland, Belgien und nach Frankreich. Ich würde freiwillig in keine Kaserne gehen, nein! Wenn es irgendeine menschenverachtende Institution gab, dann ist das ein Kriegsheer der damaligen Zeit. Der Mensch war einfach ein ›Nichts‹.«

Doch auch Heinrich blieb die Bekanntschaft mit der von ihm »menschenverachtend« genannten Institution nicht erspart: Am 12. Juni 1940 wurde er zum Militär einberufen. Das Geschäft in der Bergstraße wurde geschlossen. Heinrichs Mutter holte das kränkliche Kind aus der Klinik in Münster in ihr Haus nach Cloppenburg, wo sich, wie man zu berichten weiß, der kleine Heinz zu einem »fröhlichen Kerlchen« entwickelte.

Der Vater des »fröhlichen Kerlchen« wurde Kradmelder bei den Panzerjägern. 1943, während eines Heimaturlaubs, dem sich ein längerer Krankenurlaub in Neuenkirchen bei Rheine anschloss, heiratete er seine Jugendfreundin Agnes Leugers. Er verbrachte den Krieg in Frankreich, in der damaligen Tschechoslowakei und in Russland. Hier geriet er am 19. Juli 1944 in Gefangenschaft.

Bis zu seiner Entlassung am 20. August 1946 lernte er die Kriegsgefangenenlager Kirow (1000 Kilometer östlich von Moskau), Scherepowez (650 Kilomter östlich von Leningrad) und Twaliza (zwischen Moskau und Gorki) kennen. Er hatte sich erfolgreich bemüht, die russische Sprache zu erlernen und konnte sich dadurch oft als hilfreich erweisen. Heinrich erinnert sich auch an einen guten, menschenfreundlichen russischen Lagerkommandanten, der mit seiner Großmutter zur Zarenzeit Bad Pyrmont kennengelernt hatte und später in Berlin wohnte. Er erinnert sich an einen 20 Jahre alten deutschen »Jungen«, der zu verhungern drohte. »Da habe ich mitgeholfen, dass er durchkam.«

Im Lager Scherepowez traf er auch den späteren Pastor Felix Müller von Coerde/St. Norbert. Von den insgesamt 3000 Gefangenen starben täglich fast 25. Ihn hatte es auch erwischt. Mit einer schweren Lungenentzündung lag er Weihnachten 1944 auf dem Bretterboden. Heinrich, der vorher mit anderen Gefangenen eine Theatergruppe gegründet und damit zur Unterhaltung und Erheiterung der Gefangenen beigetragen hatte, musste nun selbst aufgemuntert werden. Er war dem Hungertode nahe. Er erinnert sich an einen Arzt Wolfgang aus Berlin, der nahm ihn vom Fußboden auf und drückte seinen Kopf an sich: »Heinrich, ich bitte dich jetzt, du musst etwas essen. Tu den Russen nicht den Gefallen, dass du krepierst. Wir müssen dich sonst hier rausschmeißen. Halte durch.« Heinrich hat durchgehalten: »Ich bin nie ein Held gewesen. Es gibt für mich auch keinen Heldentod. Im Krieg wird nicht gestorben. Da wird nur verreckt und krepiert.«

Er hat es geschafft, weil er durchhielt. Am 29. September 1946 traf er abends bei seiner Familie in Fürstenau ein.

Wiederaufbau in Münster

Nach sechseinhalb Jahren war Heinrich Morthorst wieder in Münster und glaubte, in der Bergstraße erneut anfangen zu können. Jedoch in diesem Geschäft war jetzt der Sohn seines Hausbesitzers beschäftigt. Und obwohl die Innung den neuen Pächter auf Grund der geltenden Gesetze zum Verlassen des Gebäudes aufforderte und die städtischen Behörden die Pacht für den Kriegsteilnehmer zahlten, entschied sich Heinrich dafür, »dem Jungen die Existenz nicht kaputt zu machen«. Er begann bei Prünte an der Ecke Piusallee/Niedersachsenring als Aushilfsgeselle.

Ein Neuanfang in Münster war nicht leicht. Die Altstadt war zu 91 Prozent zerstört, das übrige Stadtgebiet zu 63 Prozent. 102 Luftangriffe hatte die Stadt im Krieg erleiden müssen. Von den 141 000 Einwohnern der Vorkriegszeit wohnten bei Kriegsende nur noch 25 000 in den restlichen Wohnungen. Nur drei Prozent der Vorkriegswohnungen waren unbeschädigt geblieben. Münster gehörte zu den am meisten zerstörten Städten in der damaligen sog. britischen Besatzungszone.

Wer einen wirtschaftlichen Neuanfang wagte, musste sich auf ein unvorstellbares »Behördenspiel« einlassen: Arbeit bekam nur, wer eine Wohnung nachweisen konnte. – Eine Wohnung wurde einem Bewerber nur dann zugewiesen, wenn er eine Arbeit hatte.

Heinrich löste das Wohnungsproblem mit Hilfe seines Onkels Franz, der im Oldenburger Land auch Landespräses von Kolping war. Franz kannte natürlich seinen priesterlichen Mitbruder Clemens Echelmeyer, den Kolping-Diözesanpräses in Münster. Und der vermittelte Heinrich einen Platz in einer zum zer-

Zwischen Kiepe und Kreuz

störten Kolpinghaus in der Aegidiistraße gehörenden Wohnbaracke. Hier hatte er einen Wohn-Schlafraum, den er sich allerdings mit mehreren teilen musste. Unter anderen mit Hermann Rohrbach, einem Maler und Anstreicher, der später ermordet wurde und Anlass des über Münster weit hinaus bekannt gewordenen »Rohrbach-Prozesses« war. Mittelpunkt des Prozesses war ein im Küchenherd verbrannter Kopf, bei dem man anhand der Asche zu dem Ergebnis kam, es handele sich um den Kopf Rohrbachs. Doch im trockenen Sommer 1959 wur-

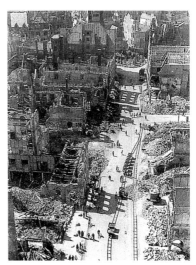

Das zerstörte Münster.

de auf dem Pleistermühlenweg, einem Seitenweg zwischen Münster und Telgte, in einer ausgetrockneten Lache ein weiterer »Rohrbach-Kopf« gefunden... Münster, meint Heinrich, sei auch damals schon voller Merkwürdigkeiten gewesen. Er habe den »armen Kerl«, der sich den Leuten als preiswerter Anstreicher anbot, als hilfsbereit erfahren. Immer habe er von seinen Arbeitsplätzen etwas Brennholz mitgebracht, damit die Baracke aufgewärmt werden konnte.

Und dann gehörten zu den Mitbewohnern noch »zwei Jungs«, die in der Firma Hambrock, die mit Fisch handelte, beschäftigt waren. »Und die hatten immer ein bisschen Fisch. Und weil ich Brot oder Brötchen hatte, konnten wir uns gegenseitig über die Runden helfen.«

Die zum Übernachten umgebaute ehemalige Waschbaracke des Kolpinghauses war natürlich ein Notbehelf. Da Heinrich nur nachts arbeiten konnte – am Tage gab es keinen Strom –, bekam er tagsüber kaum etwas zum Essen. Er lebte von dem Brot aus der Backstube.

Doch eines Tages fand er in der Bergstraße 8, um die herum alles flachgebombt war, eine Gelegenheit, um auf eigene Rechnung bei dem dortigen Bäcker Kosmann backen zu können.

Die Bäckerei in der Bolandsgasse 1954.

Richtfest in der Bolandsgasse. Links neben dem Bauherrn: Der Architekt Josef Hanlo, Freund Josef Rust, Franz Post, Obermeister der Bäckerinnung.

Dreimal wöchentlich, und nur nachts. Da Heinrichs Schwiegervater Stellmachermeister war, zimmerte der einen großen zweistöckigen Bollerwagen. In den hinein wurden jeweils 200 Brote zu vier Pfund gepackt. Auf das abenteuerlich anzusehende Gestell wurden noch zwei Körbe mit weiteren Backwaren gestapelt, und über allem lag ein Sack: »Mit diesem Wagen fuhren wir durch die kaputten Straßen von Münster bis zur Schleuse und verkauften das frischgebackene Brot, das uns fast aus den Händen gerissen wurde. Aber so einfach war dieser Verkauf auch wieder nicht. Alles war rationiert. Es gab Brot nur auf Brotmarken. Alles war geordnet, registriert und kontingentiert. Doch auch die auf Papier gedruckten Brotmarken blieben ruhig und geduldig, wenn wir mal die aufgedruckten Zahlen nicht richtig lesen konnten.«

Wenig später bot sich in der Kettelerstraße noch eine weitere Nachtbackmöglichkeit an, doch auch hier war für ihn keine Aussicht auf eine »normale« Bäckerexistenz.

Die bot sich erst, als Heinrich am 15. Juli 1947 in der Bolandsgasse 4 ein Trümmerhaus pachten und beziehen konnte. Doch das Ehepaar Morthorst,

Zwischen Kiepe und Kreuz

das bislang in der Kerßenbrockstraße 4 eine Studentenbude bewohnt hatte, zog nun mit seinem Hab und Gut mit Hilfe des Bollerwagens in die Bolandsgasse um. Nicht ohne zuvor behördlich darauf aufmerksam gemacht worden zu sein, dass man in dem zerstörten Haus nur auf eigene Gefahr wohnen könne. Einem städtischen Angestellten antwortete Heinrich: »Aber wir haben wenigstens ein Dach über dem Kopf.«

Die behördliche Genehmigung, hier eine Bäckerei als wirtschaftliches Unternehmen einrichten zu dürfen, konnte durch den Hinweis darauf erleichtert werden, dass in dieser Gasse ja bereits früher die Bäckerei Köchling bestanden habe und dass der durch die Kriegseinwirkungen zwar beschädigte Ofen immer noch intakt sei. Heinrichs juristischer Berater bei allen diesen Unternehmungen war übrigens Rechtsanwalt Dr. Drolshagen, der Justitiar des Bistums Münster.

Im Herbst 1948 bekam Heinrich dann die Erlaubnis, eine Backstube zu bauen, und am 23. Dezember 1948 zog er zum ersten Mal das frischgebackene Brot aus dem Ofen in der Bolandsgasse. Doch schon zuvor hatte er seinen Sohn Heinz, der bei der Oma in Cloppenburg war, nach Münster zurückgeholt.

Die ersten Brote aus der Bäckerei.

Der Bäcker von der Bolandsgasse.

Nicht nur kleine Brötchen

Der schon erwähnte Bollerwagen blieb noch für etliche Zeit in Betrieb. Die Familie Morthorst, inzwischen um drei Kinder vermehrt, wohnte zwischenzeitlich in der Salzstraße im Haus Schleppinghoff (Adler-Apotheke), weil das von Heinrich erworbene Grundstück bebaut werden sollte. Die Trümmerreste des Altbaus wurden mit dem Bollerwagen weggefahren. Was an Steinen noch brauchbar war, verwendete man für den Neubau. Während des Aufbaus ging der Verkauf in einer Baracke auf dem Nachbargrundstück weiter.

Mit seinem unmittelbaren Nachbarn in der Bolandsgasse, Helmut Bracht, hatte Heinrich ein gutes Verhältnis. Man einigte sich über die gemeinsamen Wände, über einsturzgefährdete Giebel, ohne finanzielle Gespräche führen zu müssen. »Das war gelebte Nachbarschaft.«

Am 19. März 1954 erfolgte die Grundsteinlegung in der Bolandsgasse 4. Am 29. April war Richtfest, und am 29. Juli des gleichen Jahres wurde die Bäckerei eröffnet. Bis 1952 war Schwester Frieda als gute »Stütze« im Betrieb geblieben. Als sie 1952 heiratete, verließ sie das Haus ihres Bruders. Zwei Cousinen von Heinrich, Luise Freude und Clara Budde, haben danach jahrelang den großen Haushalt versorgt.

Heinrichs Bäckerei nahm einen Aufschwung wie nur selten einige Betriebe in der unmittelbaren Nachkriegszeit. Das »Geheimnis« für diesen Erfolg sieht man heute wohl in seinem außergewöhnlichen persönlichen Einsatz: Alle in der Familie mussten mitmachen, um den Betrieb nach vorne zu bringen.

Heinrich kümmerte sich aber nicht nur um den Verkauf seiner Brötchen. Er engagierte sich über seinen Betrieb hinaus in all jenen Gremien, die das Bäckerhandwerk eingerichtet hatte, um dem Beruf und den Freizeitinteressen seiner Mitglieder zu dienen. Doch bei aller Arbeit und Betriebsamkeit vergaß er nie die Bedürftigen. Jeden Samstag brachte er die nicht verkauften Waren zum Kinderheim Vinzenswerk in Handorf. Und auch das Haus in der Bolandsgasse hatte stets eine »offene Tür« für Verwandte, Freunde und vornehmlich Theologiestudenten aus Oldenburg, die natürlich auch bewirtet wurden.

Seit 1948 war Heinrich Mitglied der Ebäcko, der Einkaufsgenossenschaft für Bäcker und Konditoren in Münster. Die Ebäkko, 1918 gegründet, ist in Münster aus der Entwicklung der mittelständischen Bäckereien und Konditoren nicht wegzudenken. Sie wurde gleichzeitig zum Förderer des heimischen Brauchtums und damit zu einer Plattform für Heinrich, der in seiner Person die verschiedenen Anliegen zu vereinen schien. Von 1966 bis 1972 war Heinrich Morthorst Mitglied im Aufsichtsrat der Ebäcko. Er nahm dort die Aufgabe eines »Sozialministers« wahr, der vor allem darauf bedacht war, die Interessen der kleinen Betriebe zu vertreten.

Doch es ist nach wie vor eine der großen »Geschichten«, wie ein Neuankömmling aus dem Oldenburger Land, ohne Kenntnis der inneren Struktur der gesellschaftlich keineswegs übersichtlich gegliederten Stadt Münster, so schnell zu einem erfolgreichen Geschäft kommen konnte.

Heinrich blieb auch in seinem Äußeren stets der »kleine Bäcker«. Zu den Generalversammlungen der Innung erschien er lange Zeit nach dem Krieg stets im schwarz eingefärbten Soldatenanzug. Dieser Neuanfang war eine Aufgabe, so sah er es, für

Heinrich und Agnes Morthorst 1957 mit den Kindern:
Heinz, Agnes, Elisabeth, Lambert, Christian und Cäcilia.

die ganze Familie und die bei ihm Beschäftigten. Er erzählte einmal eine Geschichte aus dieser Zeit: An einem Heiligabend saßen er, seine Frau und sein ältester Sohn Heinz, der schon kräftig mit anpacken musste, auf der Eckbank in der Küche; Heinrich schlief vor Übermüdung ein. Die Küche war damals der einzige Wohnraum in dem Ruinenhaus. Als er wach wurde, hatte seine Frau inzwischen den Weihnachtsbaum geschmückt, und man sang »Stille Nacht, heilige Nacht« – und konnte gut weiterschlafen.

Heinrich verkaufte sein Brot über die Qualität und nicht über seine persönlichen Beziehungen. Er unterhielt gute Verbindungen zu seinen Nachbarn, ohne dies jedoch geschäftlich auszunutzen. Bezeichnend hierfür waren seine Kontakte zu Jupp Horstmöller, dem Gastwirt und Besitzer des »Alten Gasthaus Leve«. Heinrich war ein gern gesehener Gast und Freund des Hauses. Seine großen Feste feierte er bei Leve. Er wiederum fehlte auf keinem Fest des Hauses. Die vier Kinder von Jupp und Thea Horstmöller nannten ihn »Onkel Heinrich«. Erst nach längerer Zeit fragte ihn Josef Horstmöller, ob er ihn nicht mit Brot

Zwischen Kiepe und Kreuz

und Brötchen beliefern könne. Heinrich war überrascht: »Warum das auf einmal?« Denn er wollte niemanden verdrängen. Schließlich, so hatte er ja immer gesagt: «Dein Konkurrent muss dein guter Freund sein.« Doch Horstmöller erwiderte, er sei bekannt für die Qualität seiner Waren und sei nie aufdringlich gewesen. Freundschaft war für Heinrich immer nur Freundschaft –, und das Geschäft eine Sache für sich. So wurde er schießlich zum Lieferanten für die Horstmöller-Betriebe.

Seit Schokoladen- und Pralinenpackungen ein farbiges Bild von ihm schmückt, das ihn als lachenden Kiepenkerl zeigt, wurde er oft darauf angesprochen, was er denn dafür bekomme, wenn er nun Werbung für ein Produkt des Konditormeisters Walter Bücker mache. Heinrichs Antwort war schlicht und umwerfend: »Pass auf: Die Schokolade kostet 2,20 DM, und davon bekomme ich jedes Mal drei Mark.« Er konnte es nicht ertragen, dass in unserer Gesellschaft alles unter den Begriffen von Geschäft und Gewinn eingeordnet wird, wobei er hier nur einem alten Freund einen Gefallen ohne jede Nebenabsicht hatte erweisen wollen.

Auf dem Wochenmarkt in Münster – eine der attraktivsten Verkaufsstätten in der Stadt – hatte er schließlich ebenfalls einen Brotstand. Was dort verkauft wurde, lässt sich in Zahlen nicht mehr festhalten. Doch Heinrich kann sich erinnern: »An Samstagen hatten wir 16 Personen am Mittagstisch, das waren Familienmitglieder, Bäckergesellen, Lehrjungen und Verkaufspersonal.«

Auch die Kinder – inzwischen sechs an der Zahl – mussten tüchtig mithelfen. Mit dem Fahrrad lieferten sie bei Wind und Wetter bestellte Ware aus. Auch im Haus wurden sie zu manchen Arbeiten herangezogen. In seiner Sorge für die Großfamilie konnte Heinrich zuweilen recht autoritär deutlich machen, wer das Sagen hatte.

Ein Schokoladengruß aus Münster

Gruß aus Münster

Eine große Hilfe war die berufliche Entscheidung von Sohn Heinz für das Bäckerhandwerk. Dadurch konnte er zeitweise im elterlichen Betrieb mitarbeiten. Und als sich die älteste Tochter Cäcilia als Bäckerei-Fachverkäuferin ausbilden ließ, war auch »vorne im Laden« Entlastung gegeben.

Doch Heinrich »mischte« auch als Pensionär nach wie vor tüchtig mit. Während eines großen Auftritts auf der »MS 74« in der Halle Münsterland war er ehrenamtlich von morgens bis abends am Stand der Bäckergilde aktiv und backte und verkaufte mit seiner »Truppe« ungefähr 4000 Brötchen, 6000 Wurstbrötchen und 2900 verschiedene Brote. Dazu kamen noch Kuchen und Gebäck. – Heinrichs Unternehmen hatte sich zu einer Musterbäckerei entwickelt. Den Erfolg trug er sozusagen in seiner gefüllten Kiepe nach Hause.

Ehrenamt als zweiter Beruf

War Heinrich nicht in der Backstube anzutreffen, dann musste man ihn in einem der ehrenamtlichen Gremien suchen. In der Bäckergilde war man bereits früh auf ihn aufmerksam geworden. Die Chronik erwähnt ihn 1952 zum ersten Mal. Als 1948 das Innungsleben der Bäcker in Münster erneut auflebte und die Gesangsabteilung mit 21 Bäckermeistern bei der 1. Chorprobe wieder gegründet werden konnte, war Heinrich Morthorst knapp zwei Jahre später als Zweiter Tenor auch dabei. Der 1925 gegründete und etwa gut 30 Mitglieder starke Chor hatte es ihm offenbar so sehr angetan, dass er sich 1965 beim 40-jährigen Jubiläum nicht verweigern konnte – was er wohl nur sehr ungern getan hätte – die Festansprache zu halten. Diese Ansprache zeigt aber auch, dass der Redner ein sehr nahes und kenntnisreiches Verhältnis zur Musik besaß. Denn neben der Schilderung der Chor-Aktivitäten wie Sängerwettbewerbe, Ständchen zu Geburts- und Hochzeitstagen, Auftritten im Gottesdienst und vor alten und sozial benachteiligten Menschen würdigt er die Bedeutung der Musik und des Liedes als Kulturgut. Natürlich versteht es Heinrich auch bei dieser Gelegenheit, die Herzen der Menschen zu rühren, wenn er zum Beispiel ausführt:

Zwischen Kiepe und Kreuz

Der wortgewandte Redner auf vielen Festen und Feiern.

»Noch eine andere Aufgabe des Chores will ich erwähnen, welche wohl die tiefgreifendste ist: Nach dem Hinscheiden eines Kollegen oder einer Kollegenfrau in die Ewigkeit ist es wiederum die Gesangsabteilung, die dem Verstorbenen das letzte Geleit gibt. Wenn die Klänge über dem offenen Grab verklingen, dann wird der Gesang zu einem innigen Gebet, zu einem Gebet, das durch die Wolken dringt vor den Allerhöchsten als Fürsprache um den ewigen Frieden. Die menschliche Stimme ist Ausdrucksform des Vokals als Laut. Sie ist Mittel des gegenseitigen Verständigens. Dichter und Schriftsteller haben in Poesie und Prosa, einem unerschöpflichen Bereich unserer Sprache, Werke geschaffen, die bleibenden Wert behalten. Da die Stimme aber variabel ist, d.h. in verschiedenen Tonlagen und Lautstärken liegt, wurde die Sprache zum Lied. ... 40 Jahre Gesangsabteilung der Bäcker-Gilde! 40 Jahre Pflege des Liedes und damit des Frohsinns und der Freude! Hier wird in Verbindung mit allen Mitgliedern der Gilde der Sänger zum Bruder – der Kollege zum Freund!«

1987 erfolgte die Auflösung der Gesangsabteilung. Der Rückgang der Bäcker- und Konditorberufe und der damit verbundene Zeitmangel – manche erwähnen als Zeitkonkurrenten auch das Fernsehen – haben zu dieser allgemein bedauerten Entscheidung geführt. Für Heinrich war dies nicht gleichbedeutend mit dem Ende seiner Liebe zur Musik. Er baute in Coerde, in seinem Haus in der Breslauer Straße 109, seine Schallplattensammlung aus. Seine Vorliebe galt den sog. Klassikern, das heißt allen voran Mozart, Haydn, Händel und Beethoven. Und da er auch eine gute Stereoanlage hatte, ließ er seine unmittelbaren Nachbarn nicht selten an diesen Konzertwiedergaben teilhaben. Als diese Musik mit dem Fortgang von Heinrich verstummte, war es in der Breslauerstraße um die Hausnummer 109 herum wieder ruhiger, aber auch weniger lebendig.

Ganz gewiss wird es an dieser Stelle nicht gelingen, alle Ehrenämter und die oft damit verbundenen Ehrungen lückenlos aufzuzählen. Heinrich war 20 Jahre lang Schöffe beim Amtsgericht, Landgericht und Oberverwaltungsgericht. Er war Mitglied in der Anerkennungskammer für Kriegsdienstverweigerer. In den politischen Gremien der Stadt Münster schätzte man sein kommunalpolitisches Naturtalent: Von 1954 bis 1968 war er Sachkundiger Bürger im Liegenschaftsausschuss. Er gehörte dem Werks-und Hafenausschuss und dem Polizeibeirat an. Er war Mitglied in den Ausschüssen für Verkehr, Gesundheitswesen und Wohnungen.

Wer Heinrich kennt, weiß, dass er sich nicht mit Sitzungen und ihren danach angefertigten Protokollen zufrieden gegeben hat. Er sah sich den Verkehr vor Ort an, um richtig urteilen zu können. Er kletterte über Dachböden und durch Ruinen, um Wohnraum für Wohnungssuchende zu finden. Und in vielen Fällen wurde er fündig und konnte etlichen zu einer Wohnung verhelfen: »Immer hatte ich dabei meine eigene Lage im Kopf, als ich damals – dank der Verbindungen von Onkel Franz – in der Baracke des Kolpinghauses eine Unterkunft gefunden habe, die mir dann den Einstieg in den Beruf ermöglichte.«

Natürlich blieb Heinrich auch in »seinem Kolpingsverein« tätig, wobei er – neben der Mitgliedschaft in Münster-Zentral – immer Wert darauf legte, in Oldenburg sich als Kolpingssohn auf den Weg des Handwerkers gemacht zu haben.

Zwischen Kiepe und Kreuz

Auf allen Rädern für Münster unterwegs.

Sozial-kultureller Arbeitskreis

Seit 1961 gab es in Münster den »Sozial-kulturellen Arbeitskreis – Münster und Münsterland, Altershilfe e.V.« Die in diesem Arbeitskreis wirkenden Mitglieder hatten es sich zur Aufgabe gesetzt, ehrenamtlich den älteren Mitbürgerinnen, Mitbürgern und Behinderten aus Münster und dem Münsterland zu dienen und ihnen aktive Lebenshilfe zu leisten. Zu diesem Zweck wurden verschiedene Veranstaltungen durchgeführt oder aufgesucht, die der Arbeitskreis anbot. Zu den Ansprechpartnern gehörten vornehmlich Altenheime, Altentagesstätten, Pfarreien und Seniorengemeinschaften. Diese Angebote fanden eine große Resonanz.

Höhepunkt im Jahr war jeweils der Karnevalistische Seniorennachmittag in der Halle Münsterland. Es gab Schlossgartenkonzerte, Besuche von Freilichtbühnen, Seniorennachmittage beim Frühjahrssend und manchmal auch »nur« ein Kaffeetrinken für diese oder jene interessierte Gruppe aus dem umschriebenen Kreis der Interessenten.

Heinrich im »Kiepenkerl-Himmel«.

Heinrich war von 1973 bis 1980 Vorsitzender des »Sozial-kulturellen Arbeitskreises«. Doch damit ist seine eigentliche Aufgabe nicht umschrieben: Er war in der Tat der Hauptfinanzier dieser Vereinigung. Natürlich gab die Stadt gewisse Zuschüsse, und die Spenden von Einzelpersonen waren auch nicht unerheblich. Doch als Heinrich den Werbewert seiner Kiepe erkannt hatte, fand er durch seine Auftritte als Kiepenkerl viele Förderer des Arbeitskreises. Nach seinen Bekundungen konnte er während seiner Tätigkeit als Vorsitzender und später, als man ihn zum Ehrenvorsitzenden gemacht hatte, Jahr für Jahr etliche Tausend DM dem Sozialwerk der Alten in Münster und im Münsterland zur Verfügung stellen.

Dass diese Tätigkeit für ihn nicht nur »reines Honigschlecken« war, liegt auch bei ehrenamtlich geleiteten Organisationen auf der Hand. Was soll man machen, wenn gut meinende Mitarbeiter plötzlich auf die Idee kommen, man könne künftig mit eigenem Geschirr und eigenen Löffeln, Messern und Gabeln finanziell besser dastehen, als diese jeweils gegen gutes Geld ausleihen zu müssen? Doch auch diese »Neuerungen« überstand und arrangierte Heinrich in einem für alle verträglichen Stil. Er wurde 1982 zum Ehrenvorsitzenden des »Sozial-kulturellen Arbeitskreises« ernannt. Ihn befriedigte das sehr, weil es seinen Dienst auszeichnete, den er für die »Alten in Münster« erbracht hatte. Schließlich war er ja inzwischen auch nicht mehr einer der Jüngsten.

Ehre wem Ehre gebührt...

Heinrichs Wohnzimmer in Coerde war an den Wänden mit über 30 Ehrenurkunden, Auszeichnungen und Diplomen dekoriert. Obwohl er nicht unempfänglich für alle diese feierlichen und lobenden Bekundungen war, spielte er sie im Gespräch für gewöhnlich herunter und meinte, alle diese Gehänge hätten ihn aber schließlich davor bewahrt, die Wände regelmäßig tapezieren zu müssen. Und zu jeder Urkunde gab es natürlich eine Geschichte. Der Abend war für den Besucher »gelaufen«, wenn er das Gespräch auf die zahlreichen Urkunden und Ehrungen brachte.

Eine eigene »bunte Ecke« hatte er den fast jährlich auf ihn herabfallenden Karnevalsorden eingerichtet.

Er fühle sich nicht als Narr im Sinne des Karnevals, weil er ja eigentlich in seinem Leben immer ein Narr sei. So sprach er 1981 vor der Karnevalsgesellschaft »KG Unwiesität«, als er zum »Doktor humoris causa« gekürt wurde. Und nachdem er zu Beginn seiner Antrittsvorlesung bereits einen Schluck aus dem »BGB« und aus der »Unwiesen Laterne« genommen hatte, kam er unter Berufung auf den griechischen Philospohen Heraklit, der ja festgestellt hatte »Alles fließt«, zu einer neuen »vollen Kanne«.

1983 verliehen ihm die »Fidelen Bierkutscher« die »Goldene Peitsche«. Neidisch könne man auf Heinrich Morthorst werden,

Als 1981 der Rosenmontag auf Heinrichs 70. Geburtstag fiel: Prinz Dieter I. mit Heinrichs Enkelin Monika Bockhorst, die Prinzengattin Elisabeth Jochheim, Bäckermeister Tönne Kerklau, Martin Holland und Carl-Robert Toholte. Rechts neben dem Prinzen: Adjutant Moses Janotta, Prinz von 1972, Willi Honert, Prinz von 1956, Willi Siegemeier vom KG Schwarz-Weiss und Rudolf Döbbeler, Prinz von 1980.

meinte der Mühlenhof-Baumeister Theo Breider in seiner Lobrede auf den Peitschen-Empfänger. Heinrich, der »prima, wackere Kerl«, habe nämlich in einer Woche drei Karnevalsauszeichnungen erhalten. Heinrich bedankte sich mit den Worten: »Ich bin froh, dass ich ein einfacher Kiepenkerl bin und nicht auf einem Denkmal stehen muss: Denn dann wäre ich nicht hier.«

Beim traditionellen Neujahrs-Frühschoppen der Karnevalsgesellschaft »Schlossgeister« wurde Heinrich Morthorst zum Ehrensenator ernannt. Der Ex-Karnevalsprinz Reinhold Schmelter charakterisierte den »Westfälischen Heinrich« mit den Worten: »Heinrich steht für Herz, Hefe und Humor«. Mut habe er aus dem Herzen, Energie aus der Hefe und Selbstironie aus dem Humor. Er sei nicht die Graue, wohl aber die Schwarze Eminenz seit Jahren in der Stadt Münster. Als Jongleur politischer Balance mixe er die Farben von Schwarz bis Rot zu einem »Colorit des Wohlklangs in der Verständigung der Menschen und ihrer Gruppen«; er werde deshalb zum »Esprit de Castell« ernannt.

1985 vermittelte der aus Münster stammende Staatssekretär Dr. Friedrich Adolf Jahn sozusagen auf höchster Ebene ein Treffen in Bonn zwischen Münsters Prinz I. (Albers) und dem damaligen Kanzler Helmut Kohl. Im Gefolge war natürlich auch der »Chefkiepenkerl« Heinrich Morthorst, der dem Kanzler wortreich eine gefüllte Kiepe mit westfälischen Spezialitäten überreichte: »Hier einen westfälischen Schinken. Der gibt Kraft in den Knochen und Geist in den Verstand... Den Westfälischen Rosenkranz (eine Kette aus 10 luftgetrockneten Mettwürsten) brauchst du nicht zu beten, den sollst du aufessen.«

1988 wurde Heinrich als das »Münstersche Kiepenkerl-Original« von der Karnevalsgesellschaft »Böse Geister« zum Ehrenratsherrn ernannt. Der WDR-Journalist Manfred Ehrenberger fasste seine Komplimente für den »knorrigen und kumpeligen« 77-Jährigen so zusammen: »Heinrich der Unsrige«.

Ein Jahr später wurde Heinrich von der NZA – Narrenzunft Aasee – zum Ehrensenator ernannt. Bei der Ehrensenator-Taufe hielt Bürgermeister Heinz Lichtenfels die Laudatio auf den Bäcker und Mann, »der nicht nur Brötchen backen kann«. Und er würdigte einige Höhepunkte aus den Auftritten des Kiepenkerls:

Heinrich Morthorst präsentiert Papst Johannes Paul II. bei seinem Besuch in Münster Schinken und Schwarzbrot.

Denn als der Papst uns einst beehrte, dem Heinrich blieb es nicht verwehrt,
zu tun dem Heilgen Vater kund, dass Pumpernickel ist gesund.
Auch Helmut Kohl stand er zur Seite.
Doch unser Heinrich der sprach Platt,
Was Helmut nicht verstanden hat.
So bleibt bis heute in der Tat
der Kanzler ohne guten Rat.

Die hohen politischen Ehrungen setzten 1974 ein, als ihm Oberbürgermeister Dr. Werner Pierchalla für sein Engagement in der Kommunalpolitik und im berufsständischen Bereich »Das Verdienstkreuz am Bande« des Verdienstordens der Bundesrepublik verlieh.

1981 – als Heinrich Morthorst 70 Jahre alt wurde – beschloss der Rat der Stadt Münster, ihm die »Paulus-Plakette der Stadt Münster« zu verleihen. Mit dieser höchsten Auszeichnung wollte die Stadt einen Mann ehren, der, wie es in der Urkunde heißt,

»...den Menschen in Münster unermüdlich und selbstlos gedient (hat): in seinem Berufsstand, in der Kommunalpolitik, im sozialen Bereich und in der Pflege heimatlichen Brauchtums. Als Kiepenkerl ist er ein weit über die Grenzen Münsters hinaus bekanntes, liebenswertes Original. Seine plattdeutschen Reden zeugen von Humor, Tiefsinn und Lebensweisheit. Sie sind zugleich ein sehr persönliches Bekenntnis zu mehr Mitmenschlichkeit, Freundlichkeit und Herzlichkeit. Seine große Beliebtheit wurzelt in dem glaubhaften Bemühen, allen Menschen als Freund und Helfer zu begegnen.«

Die Hände von 400 Gästen, Freunden und Bekannten hatte Heinrich an diesem Nachmittag im Festsaal des Rathauses zu schütteln. Oberbürgermeister Pierchalla vermutete zu Recht, dass sich alle mit Heinrich duzten, weil, so die damalige CDU-Fraktionsvorsitzende Hildegard Graf, er in der Politik immer für persönliche Einzelgespräche zur Verfügung gestanden habe. Er habe Situationen nicht analysiert, sondern Situationen mit dem Herzen erkannt. Niedersachsens Innenminister Dr. Egbert Möcklinghoff, ein Freund von Heinrich Morthorst, würdigte ihn so: »Du bist nicht nur das Vorbild eines Handwerksmeisters, sondern auch das Beispiel eines philosophierenden Menschen.«

Das Handwerk stand natürlich auch nicht zurück, wenn es um Auszeichnungen und Ehrungen für den Bäckermeister aus der Bolandsgasse ging:

1979 wurde Heinrich Morthorst auf der Innungsversammlung einstimmig zum Ehren-Gildemeister ernannt.

1988 erhielt er aus der Hand des Präsidenten des Deutschen Handwerks, Paul Schnitker, den Goldenen Meisterbrief der Handwerkskammer.

1991 ernannte ihn die Bäcker-Gilde Münster zu ihrem Ehrenmitglied, weil er sich »große Verdienste um seinen Berufsstand, vor allem aber auch um die Darstellung des Bäckerhandwerks in der Öffentlichkeit« erworben habe.

Als 1998 der Diamantene Meisterbrief für die 60-jährige Tätigkeit im Handwerk fällig war, wiederum überreicht von Handwerkspräsident Schnitker, kam auch Heinrich, der »Mann mit den klobigen Holzschuhen an den Füßen, dem knorrigen Stock in der Hand und dem gütigen Herzen auf der Zunge« (Schnitker), noch einmal »auf Hochform«. Er habe, so führte er aus, ei-

Handwerkskammerpräsident Schnitker überreicht 1998 Heinrich Morthorst den Diamantenen Meisterbrief.

Zwischen Kiepe und Kreuz

Geburtstag von »Pinkus« Müller im »Pinkulus«.

Der Diamantene Meisterbrief.

Als Theo Breider 80 wurde.

gentlich noch drei weitere Gründe, jeweils ein »60-Jähriges« zu feiern:
1. sei er jetzt 60 Jahre in Münster, und wenn seine Frau noch lebte, könne er 2. in diesem Jahr die Diamantene Hochzeit feiern. Und 3. sei er seit 60 Jahren bei der gleichen Gesellschaft versichert. Er und seine Freunde wie Paul Schnitker hätten sich stets »gegenseitig in liebender Sorge begleitet und in sorgender Liebe gedient«.

Ein besonderes Verhältnis gegenseitiger Wertschätzung bestand zwischen dem Verein »De Bockwindmüel 1963 e.V. – Mühlenhof-Freilichtmuseum Münster« und Heinrich Morthorst.

Heinrich gehörte diesem Verein seit 1966 als Mitglied der Gründerzeit an. Das von dem ersten Verkehrsdirektor der Stadt Münster, Theo Breider, 1961 mit der Inbetriebnahme einer Bockwindmühle aus dem Emsland gestartete Freilichtmuseum folgte der Devise: »Dat Aolle ehren – dat Nie hören – dat Gudde mehren – dat Slimme wehren«. Über 5000 Gäste nahmen damals an der Inbetriebnahme der Mühle auf der Sentruper Höhe teil. 1963 folgte das Mühlenhaus.

Breider, auch kein Münsteraner wie Morthorst, stammte aus dem Sauerland und hat sich viele Verdienste zudem um den europäischen Fahrrad-Tourismus erworben. Die Stadt Münster verdankt ihm – unter Verzicht auf jeden marktschreierischen Werberummel – ihr eindrucksvolles westfälisches »Gesicht«, das nicht nur zur Advents- und Weihnachtszeit die charakteristischen Züge der Landschaft und seiner Menschen widerspiegelt.

Breider, der sich als Mundartdichter einen Namen gemacht hat, bekennt über sein Leben und Wirken: »In Gott blieb ich lebensfroh... Was ich tun wollte, wusste ich. Doch wenn es um entscheidende oder gar lebenswichtige Dinge ging, habe ich immer die Muttergottes gefragt. Ich bin nie enttäuscht worden.«

Breiders Gesinnungsart entsprach der von Heinrich Morthorst. Es blieb nicht aus, dass beide zusammenfinden würden, obwohl man gestehen muss, dass die sehr selbstbewussten und eigenständigen Männer nicht durch eine spontan-herzliche Freundschaft verbunden waren. Doch das hinderte sie nicht an der Zusammenarbeit.

Als Kiepenkerl im Einsatz auf dem Mühlenhof.

Der Start des Kiepenkerls in Münster

Im Herbst 1963 brauchte Theo Breider für den Ausbau seiner folkloristischen Aktivitäten auf dem Mühlenhof einen »Bur«, einen Bauern. Er wollte hier das in Münster bekannte Lambertusspiel aufführen. Dieses Lichter- und Tanzspiel zum Lambertusfest ist zwischen dem 1. und dem 17. September für Kinder und auch für die Erwachsenen ein Höhepunkt im Jahresablauf. Nachweisbar ist es in Münster seit dem Ende des 18. Jahrhunderts. Gedeutet wird es als ein Fest des Patronats der Lambertikirche, als Handwerkerfest, als regionale Sonderform eines Tanzfestes oder auch als Nachfeier eines altgermanischen Lichterfestes. Ohne auf diese Deutungen näher einzugehen, bietet Lambertus den Kindern die Möglichkeit, bei anbrechender Dunkelheit ein wenig länger auf der Straße zu bleiben und Lambertus zu feiern: »Kinder, kommt runter, Lambertus ist munter!«

Wie nicht selten bei diesen überlieferten Spielen, gehört zu den wichtigsten Lambertusliedern ein Zahlenlied, das in kindgerechter Form Glaubenswissen über Patriarchen, Apostel,

Evangelisten, Gebote, Sakramente, Seligkeiten, Kreuzwegbilder und die Geheimnisse des Rosenkranzes vermittelt (»Guter Freund, ich frage dir.«). Die zum Schluss des Spiels beherrschende Figur ist der »Bur«, der sich aus den Mitspielern sein Gefolge (eine schöne Frau, ein Kind, einen Knecht, eine Magd etc.) zusammensucht, bis er bei Strophe 25 fluchtartig den Kreis verlässt, um nicht von den Mitspielern geschlagen zu werden: »Nu giff wi den Bur 'nen Schupp...«

Theo Breider hatte in Heinrich Morthorst einen einzigartigen »Bur« gefunden, der zum ersten Mal als Kiepenkerl beim Lambertussingen auftrat und für die nächsten Jahrzehnte bei dieser ausbaufähigen Rolle blieb.

Auf dem Mühlenhof ist Heinrich unter den blauen Kittel gekommen. Drei davon hat er in seiner Praxis verschlissen. Vier Paar Holzschuhe hat er in seiner Kiepenkerl-Tätigkeit verbraucht. Wieviele schwarze Mützen und rote Halstücher er »verloren« oder verschenkt hat, ist nicht überliefert. Die lange Pfeife und die alte Kiepe hängen in seinem »Stammhaus« in der Bolandsgasse, und ein Paar durchgelaufene Holsken sind im Stadtmuseum.

Der Kiepenkerl als Werbefigur für Münster.

Geburt einer Werbefigur

Der Mühlenhof wurde für die Auftritte des Kiepenkerls Heinrich zu einem »Stammlokal«. Der 1. Baas, Tono Dreßen, der 2. Baas und Ehrenbaas Bernhard Schulze-Wilmert und der Baumester Willi Niemann dankten Heinrich Morthorst für seine Verbundenheit. Nach einer Ehrenurkunde vom 23. Mai 1995 wurde ihm am 2. März 2001 die Silberne-Mühlenhof-Medaille überreicht. In der Ehrenurkunde heißt es u.a.:

»För den Vörstand, Müelenraot, alle Lüe von de Vereinigung »De Bockwindmüel« e.V. un von ussen Müelenhoff betügt wie hiermet, dat wi Heinrich Morthorst för seine grauten Verdenste för ussen Hoff met de Silberne-Mühlenhof-Medaille uttekend hebbt. As Kiepenkiärl und Bihörigen von ussen Verein heff he alltied met us an eenen Strangk trocken un düftig up seine Wies hulpen, ussen Müelenhoff to wiesen.«

Heinrich erinnerte sich natürlich, dass er in seinem wechselvollen Leben im Mecklenburgischen Polz, wo er für die Bäckerei Mühlsteph tätig gewesen war, als »echter« Kiepenkerl gearbeitet hatte. Nichts war daher für ihn selbstverständlicher, als sich auf die Tradition des Kiepenkerls zu besinnen. Er hat uns seine eigenen Überlegungen überliefert:

»Ich wurde vom Gründer des Mühlenhof-Museums und vom Lehrlingswart der Tischler-Innung, Heinrich Lienkamp, gebeten, beim Lambertus-Singen um die Bockwindmühle den ›Bauern‹ zu spielen. Viele Kinder mit ihren Eltern waren da und sangen mit Begeisterung die Lambertus-Lieder. An diesem Abend ist dann ohne mein Wissen überlegt worden, den Heinrich Morthorst mal als Kiepenkerl auftreten zu lassen. Und so bin ich dann als Kiepenkerl hier und da unterwegs oder nach Absprachen bei Jubiläen, Geburtstagen, Hochzeiten usw. in Münster und im Umland.«

In seinem kleinen Faltkalender hat Heinrich seine Einsatzorte und -zeiten genau festgehalten. Auf die Frage, warum er denn eigentlich bei seinen zahlreichen Aktivitäten keinen größeren und übersichtlicheren Kalender gebrauche, lautete seine Antwort: »Lieber einen kleinen Kalender vollgeschrieben, als einen größeren, der noch Lücken aufweist. Der kleinere dokumentiert

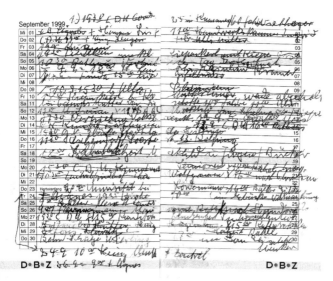

Die September-Seite aus dem letzten Kalender von 1999.

für mich auf den ersten Blick mehr Aktivität.«

»Und so habe ich dann – das zeigen die Kalenderaufzeichnungen Jahr für Jahr – auch über die Region Münster hinaus in all den Jahren oftmals Gelegenheit gehabt, Münster, Westfalen, auch das Land Nordrhein-Westfalen als Kiepenkerl zu vertreten. Im Flugzeug war ich unterwegs, gerne in der Eisenbahn, im Bus oder im eigenen Wagen. Unter anderem war ich in Berlin beim Fernsehen. In München und Stuttgart beim Start einer neuen Fluglinie, in Straßburg beim Europäischen Parlament. In Frankfurt, Köln und Essen ebenfalls beim dortigen Fernsehen. In Düsseldorf bei der Bundesgartenschau, in Lathen bei der Magnetschwebebahn und etliche Male in Bonn, in Dortmund, Hamm, Mainz, Recklinghausen, Soest und Gelsenkirchen.« Und dann folgen nach seiner Aufzeichnung noch 39 weitere Städte in Westfalen, Oldenburg und dem Münsterland.

Aus einer längeren Niederschrift geht hervor, dass sich Heinrich auch Gedanken über die Herkunft des Kiepenkerl gemacht hat. In diesen von ihm unterzeichneten Notizen heisst es u.a.:

»Aus der Überlieferung früherer Jahrzehnte und Jahrhunderte geht hervor, dass der Kiepenkerl des Münsterlandes aus dem kleinbäuerlichen Bevölkerungsanteil kam. Diese Kleinbauern

Zwischen Kiepe und Kreuz

hatten eine Kate (Kotten) als Wohn- und Viehhaus mit einer kleinen Landwirtschaft. Um ihren Lebensunterhalt zu bestreiten, gingen sie als Tagelöhner auf einen größeren Bauernhof zur Feldarbeit, oder sie waren Heuerlinge auf einem Hof (früher im weitesten Sinne ›Leibeigene‹). Als Zugtiere für die Ackerarbeit hatten sie Kühe und als Transportmittel im Wesentlichen eine Schubkarre, einen Bollerwagen (Handwagen) und eine Kiepe (Tragekorb).

Die allgemeine Lebensweise war sehr sparsam, teilweise ärmlich. Die Ersparnisse aus der landwirtschaftlichen Produktion packte der Hausvater oder Ohm (Onkel) in die Kiepe und ging damit in die Stadt zu ›festen Kunden‹ oder auf den Markt. Der Inhalt der Kiepe bestand u.a. aus einem Stück Schinken, einem Stück Speck, aus Wurst, Eiern, Butter, Hühnern, Tauben, Kaninchen, selbstgewebtem Leinen, Wolle, selbstgebackenem Brot, Obst usw.«

Der »Kundenkreis« des Kiepenkerls

»Aus dieser Tätigkeit des kleinbäuerlichen Kiepenkerls«, so hat Heinrich Morthorst weiter festgehalten, »entwickelte sich mit der Zeit der ›Handelsmann‹ im ambulanten Gewerbe. Mit der Entwicklung in der Zeitgeschichte wurden diese Handelsmänner sesshaft und wurden so zu Kaufleuten in den Dörfern und Städten. Nachweislich«, führt er aus, »sind bedeutende Firmen mit der Kiepe angefangen (die als Wanderhändler auch Tödden genannt wurden), u.a. Brenninkmeyer, Hettlage, Peek & Cloppenburg usw.«

»In der damaligen Zeit gab es noch keine Eisenbahn, kein Auto, kein Flugzeug, kein Fahrrad. Für die sog. ›höheren Kreise‹ galt als Reisemöglichkeit die Kutsche oder das Reitpferd. Der Kiepenkerl ging zu Fuß. Es gab auch noch kein Telefon, kein Radio, kein Fernsehen. Der Kiepenkerl kam in viele Häuser und Familien; er kam auch in verschiedene Dörfer und Gemeinden. So war es ganz natürlich, dass er auch Botengänge übernahm und damit als Nachrichtenüberbringer wirkte.« Heinrich kommt sogar zu der vielleicht überraschenden Feststellung, »dass aus dem Ursprungsbereich des Kiepenkerl als Botengänger und Nachrich-

Wahlkampf 1980: Mit Dr. Franz-Josef Strauß.

Ein sozialpolitischer Kampfgefährte: CDU-Generalsekretär Heiner Geißler.

Lokalpolitisches Treffen: Münsters Oberbürgermeister Dr. Albrecht Beckel.

Kiepenkerl und Karneval mit Dr. Helmut Kohl.

Zwischen Kiepe und Kreuz

Oberbürgermeister Dr. Werner Pierchalla bei der Verleihung der Ehrenbürgerschaft der Stadt Münster.

Der Kiepenkerl mit dem Ministerpräsidenten von Niedersachsen, Ernst Albrecht, und dem CDU-Vorsitzenden Dr. Adolf Jahn, Münster.

Unterwegs zum Karneval in Münster mit Bundesaußenminister Hans-Dietrich Genscher.

Auf Besuch in Münster: Karl Carstens, Vorsitzender der CDU/CSU-Bundestagsfraktion, Bundestagspräsident (1973-1979) und Bundespräsident (1979-1984).

tenübermittler sich die heutigen Möglichkeiten der Informationen und diplomatischen Dienste entwickelt haben.«

Wer sich jedoch diesen für Heinrich sicherlich schmeichelhaften Gedanken nicht zu eigen machen möchte, wird der an einer anderen Stelle wiedergegebenen Überlegung mehr Wahrheitsgehalt zubilligen: Der Kiepenkerl sei nämlich auch Heiratsvermittler gewesen.

Man müsse sich gedanklich nur in jene Zeit zurückversetzen, in der die Suche nach einem Ehepartner im Wesentlichen begrenzt gewesen sei auf das Schützenfest, die Kirmes, auf Vereinsbälle und Tierschauen. Doch wenn beispielsweise die Maria »keinen abbekommen« habe, dann konnte es geschehen, dass dem vorbeiziehenden Kiepenkerl eine recht eindeutige Offerte unterbreitet wurde. Heinrich hierzu im Originalton: »Und wenn sone Deern keinen gefunden hatte, der sie abends nach Hause brachte, dann war das man schwierig. Wenn dann mal son Kiepenkerl durchs Haus kam, hat die Mutter den schon mal zur Seite genommen und gefragt: ›Kannse nich mal kucken, ob da nicht irgendwo son Heini rumsteht, der use Maria bruken kann?‹«

Die damalige Sprache sei Niederdeutsch (Plattdeutsch) gewesen. Man müsse die Jahrhunderte alte Tätigkeit der Kiepenkerle als Tradition der gesellschaftlichen, wirtschaftlichen und kulturellen Lebensbereiche verstehen. »Es ist wichtig,« so schließt Heinrich seine Aufzeichnungen über den Kiepenkerl, »diese Tradition zu erhalten und zu pflegen. Denn wer die Vergangenheit nicht achtet, hat kein Recht, die Zukunft zu gestalten.«

Natürlich geht Heinrich nicht so weit, dem Kiepenkerl für das Münsterland eine Exklusivität einzuräumen. Er weiß, dass diese »fliegenden Händler mit dem Schaufenster auf dem Rücken« in allen deutschen Landen gewirkt und gearbeitet haben. Allerdings waren ihre Kiepen unterschiedlich gestaltet. Das hing von ihrem Verwendungszweck ab. Im Schwarzwald waren es häufig hölzerne Gestelle, auf denen die berühmten Uhren durchs Land getragen und zum Verkauf angeboten wurden. Spezielle Kiepen gab es für die Stoffhändler, wiederum andere für jene Händler, die Porzellan oder Steingut unter das Volk brachten.

Es würde zu weit führen, hier den »Kundenkreis« oder das Arbeitsfeld des münsterschen Kiepenkerls aufzeigen oder eingrenzen zu wollen. Heinrich verstand sich nicht als Repräsentant oder gar als ein Interessenvertreter. Er engagierte sich nicht nur für »große« Termine; weit häufiger war er in Kindergärten und Altersheimen anzutreffen. »Ich kann einfach nicht nein sagen«, meint er. Die Quittung dafür waren im 1. Halbjahr 1988 – dies hat ein Journalist der »Westfälischen Nachrichten« festgehalten – fast 30 000 zurückgelegte Autokilometer.

Bis auf den jetzigen Bundeskanzler und Bundespräsidenten hat Heinrich Morthorst alle Kanzler von Adenauer bis Kohl über Erhard und Schmidt kennen gelernt. Bei den Bischöfen von Münster ging er ein und aus. Er war auch in Köln bei der Feier zum 80. Geburtstag von Kardinal Höffner, dem früheren Professor und Bischof von Münster, dabei, und mit den Worten: »Nee, vergessen is er in Mönster nich«, überreichte er dem Kardinal ein »kapitales Schwattbraud un en Buernschinken«. Das gleiche Gastgeschenk erhielt auch Papst Johannes Paul II., als er am 1. Mai 1987 Münster besuchte. Nur musste der Kiepenkerl diesmal aus Sicherheitsgründen seine Kiepe mit den Gaben einen Tag vorher im Kapitelsaal des Domes abliefern, damit Unbefugte nichts zu dem Schinken und Schwarzbrot hinzufügen konnten.

Natürlich war es auch für die Stadt Münster vorteilhaft, sich einer wirksamen Werbefigur bedienen zu können. Als sich am 26. Mai 1975 in Lübeck sieben Verkehrsdirektoren deutscher Städte zu einem Werbeverbund zusammenschlossen, um den Städte-Tourismus zu fördern, war Münster dank der Initiative des damaligen Verkehrsdirektors Karl-Heinz Henkel wenig später mit dem Kiepenkerl auch unter den »Historischen Zehn« dabei. Neben Münster waren es – »voller Charme und Romantik« – Augsburg, Bremen, Bonn, Freiburg, Lübeck, Nürnberg, Heidelberg, Trier und Würzburg. Die gemeinsame Werbung wollte die Reiselustigen innerhalb der Bundesrepublik zu Rundtouren von einer historischen Stadt zur anderen anregen. Dass sich die Werbung für die »Historischen Zehn« gelohnt hat, konnte Henkel nach zehn Jahren feststellen: Um 52 Prozent sei die Zahl der Übernachtungen von Ausländern in den ersten 10 Jahren der gemeinsamen Werbeaktion angestiegen. Münster habe sich durch die Teilnahme an der gemeinsamen Werbeaktion Märkte erschlossen, die der Stadt, auf sich allein gestellt, vielleicht verschlossen geblieben wären.

Wegweiser in die Vergangenheit?

Doch die »Kiepenkerl-Welle«, die werbend über Münster und das Land ging, fand auch durchaus berechtigte, professionelle Kritik. Sie wurde zum »Stadtgespräch«, als Esther Mikus, die Eigentümerin der Agenta-Werbung, sich mit ihrem Werbekonzept gegen das »Kiepenkerl-Image« in der Region aussprach. »Was haben Sie gegen den Kiepenkerl?« wurde sie gefragt. Esther Mikus antwortete:

»Wir halten es nicht für gut, dass die Image-Werbung der Stadt und des Münsterlandes von der Figur des Kiepenkerls geprägt ist. Der Kiepenkerl weist eigentlich mehr in die Vergangenheit. Als touristische und historische Note soll man ihn ruhig beibehalten, aber nicht als Aufhänger in der Werbung, da kommt die Zukunft zu kurz. Wir setzen dagegen eine Image-Werbung mit dem Slogan ›Ziel für neue Ziele‹. Sie soll Interessenten aus Tourismus, Wirtschaft, Wissenschaft oder dem Kommunalbereich Appetit auf das Münsterland machen.«

»Herr Morthorst«, so wurde anschließend Heinrich gefragt, »was sagen Sie dazu, dass sich die mit der offiziellen Werbung für die Region beauftragte Agentur gegen das Kiepenkerl-Image ausspricht?«

Heinrich antwortete:

»Davon halte ich gar nichts. Das haben schon mehrere versucht, die Stadt vom Kiepenkerl-Image wegzubringen, aber ohne Erfolg. Schließlich sind wir Kiepenkerle keine Witzfiguren, sondern verkörpern historisch belegte Persönlichkeiten. Die gesamte Kaufmannschaft des Münsterlandes und darüber hinaus hat ihre Wurzeln in diesem Berufsstand. Das gleiche gilt für die Diplomatie, denn der Kiepenkerl war früher, als es sonst noch keine Nachrichtenverbreitung gab, der Botschaften-Vermittler. Ich verstehe mich mit der Jugend gut und empfinde mich trotz meiner 80 Jahre nicht als veraltet oder von vorgestern. Ich bin übrigens nicht nur ein Symbol, sondern ein echter Kiepenkerl, denn ich habe als Bäckergeselle dreieinhalb Jahre lang das Brot mit der Kiepe ausgetragen.«

Dieser vielleicht auch auf Missverständnissen beruhende öffentliche Disput traf Heinrich in seinem Kern. Er sah sich im

Kiepenkerl als Wahrer der guten Tradition, die in der Neuzeit natürlich vielerorts in Frage gestellt wurde. »Schwindet der Kiepenkerl«, so seine Auffassung, »dann verlieren wir damit zugleich ein gutes Stück Handwerkertum, Kaufmannsdenken, Treue zur Vergangenheit, Lebensbeweglichkeit und Einfachheit.« Er kam dann bei solchen Gelegenheiten immer auf den Heiligen Nikolaus zu sprechen, den man zum ulkigen und nicht ernst zu nehmenden Weihnachtsmann gemacht habe. Der Weihnachtsmann habe manches vom christlichen Legendengut, vom Kinderglauben und von der Botschaft des Gutseins in seinen weltlichen und nur noch um-

Der Kiepenkerl mit dem Türmer Roland Mehring im Turmstübchen der Lambertikirche.

satzorientierten Sack gesteckt. Dies wollte Heinrich verhindern. Mit Leidenschaft wandte er sich daher gegen alle Neuerungsversuche, den Kiepenkerl abzuwerten, auch wenn dies nicht so, wie er es glaubte, die Denkrichtung der Werbeagentur war.

Darum trat er ja nicht nur als Kiepenkerl, sondern auch als St. Nikolaus auf, besuchte Schulklassen und Kindergärten, katholische Verbände und Vereine, um vor ihnen, trotz zunehmender Säkularisierung und gezielter Ausbeutung durch die weihnachtliche Werbepsychologie, die Botschaft des heiligen Bischofs von Myra zu verkünden.

Natürlich ließ er sich auch zu Hause in seiner Familie, trotz der manchmal zum Widerspruch neigenden Kinder, nicht beirren: Immer noch wurden auf dem Klavier die Nikolaus- und Weihnachtslieder gespielt und gesungen. Der »Familienchor«, in dem alle Altersschichten vertreten waren, wurde nie kleiner. Ständig kamen neue Gesichter von Enkeln und deren Freunden und Freundinnen hinzu. Im Garten und im Wohnzimmer leuchteten die Weihnachtsbäume, eine großflächige Krippe erstreckte sich im Wohnzimmer. Und über allem glaubte er, kaum wahrnehmbar für Außenstehende, den Flügelschlag der Engel zu verspüren.

Heinrich fand Trost beim Kiepenkerl auf dem Spiekerhof, den die plattdeutsche Autorin Anneliese Märtens aus Münster-Gremmendorf in einem zehnstrophigen Gedicht gewürdigt hat.

Da die Gremmendorferin auch Mitglied des »Plattdütsken Krinks« ist, ist ihre Ausdrucksweise vorgegeben. Die beiden letzten Strophen runden Heinrichs Wirken um die gute Tradition ab:

Vandage is he 'ne Rarität...
Up 'n Spiekerhoff sien Denkmaol staiht.
Äs Wahrteiken vör dat Mönsterland
is he üöwerall bekannt!
In'n Müehlenhoff un Heimatverein
kas Du em noch faken seihn...
He begrüßt de Früemden, wahrt aolle Tradtion,
Döhnkes vertellen – dat is vandage sien Doon.

Der Kiepenkerl als Nikolaus und Hüter des heimischen Brauchtums.

Zwischen Kiepe und Kreuz

Der Kiepenkerl auf dem Spiekerhof – genauer gesagt: das dortige Denkmal – hatte es Heinrich besonders angetan. Dies war sein beliebtester Platz für Foto-Termine. Er hat viel dazu beigetragen, dass dieses Viertel nach dem Krieg wieder entwickelt und schließlich unter dem Namen »Kiepenkerl-Viertel« bekannt wurde. Er war mit dabei, hier auch einen Weihnachtsmarkt aufzubauen, dem man anfangs den Namen »Weihnachtsdorf« gab. Gut durchgesetzt hat sich in jedem Fall ein hochprozentiges Getränk mit der sinnigen Bezeichnung »Kiepenkerl-Pinkel«.

Doch Heinrich fand mehr Gefallen an der Geschichte des Kiepenkerl-Denkmals, das auch nicht ganz frei von Missdeutungen gewesen zu sein scheint.

Nach den Untersuchungen aus »Denkmäler in Münster« (Wilhelm Hittorff Gymnasium) wurde das erste Kiepenkerl-Denkmal 1895/1896 von dem Bildhauer August Schmiemann angefertigt und von dem damaligen »Verschönerungsverein Münster« finanziert. Es ist leider nicht bekannt, was den »Verschönerungsverein Münster« zu dieser Initiative bewogen hat. Es wird vermutet, dass der Verein durch die Erinnerung an die ländliche und bodenständige Tradition einen Gegenpol zur einsetzenden Industrialisierung setzen wollte. In diesem Bestreben wäre er wohl in ziemlicher Gesinnungsnähe zum Kiepenkerl Heinrich Morthorst gut 100 Jahre später gewesen.

Der Bildhauer August Schmiemann wollte mit seinem Denkmal ein münsterländisches Original darstellen, das er in einem Brief so beschrieben hat: »...wir haben es hier nicht allein mit einem Manne zu thun, der an Schlauheit und Klugheit vielen überlegen ist, sondern haben ihn auch als einen gutmütigen, mit viel Humor begabten Menschen aufzufassen, der nie um ein passendes Wort verlegen ist, und stets mit derbem Mutterwitz seinen Kunden einen Rat zu geben weiß.«

Am 16. Oktober 1896 wurde das Kiepenkerl-Denkmal vom Stellvertretenden Vorsitzenden des »Verschönerungsvereins«, Herrn Landgerichtsrat Offenberg, übergeben. Die Stadt Münster war durch die Stadträte Friese und Theissing vertreten. Herr Offenberg, so wird weiter geschildert, habe bei der Ansprache vor 300 bis 400 Bürgern und Bürgerinnen den Kiepenkerl als Person gewürdigt, die es durch Zuverlässigkeit zu einem gewissen Ansehen gebracht habe. Deshalb sei es auch die Aufgabe des

Denkmals, die Erinnerung an die Kiepenkerle, deren Stand durch die modernen Entwicklungen überflüssig geworden sei, aufrecht zu erhalten. Nach seiner Ansprache habe das Publikum Hochrufe ausgebracht.

Die Geschichte des Spiekerhof-Kiepenkerls ging weiter:

Am 10. Oktober 1943 erlebte Münster seinen seit Beginn des Krieges wohl schwersten Luftangriff. Viele Bereiche der Stadt, darunter auch das Kiepenkerl-Viertel, wurden zerstört. Doch der Kiepenkerl blieb auf seinem Podest stehen. Diese Tatsache nutzte die nationalsozialistische Propagandaleitung »Gau Westfalen Nord«, um das Durchhaltevermögen der Münsteraner zu stärken. Die Nazis druckten ein Plakat mit dem Symbol des standhaften Kiepenkerl und appellierten in plattdeutscher Sprache an die Heimatverbundenheit und den Widerstandswillen der Westfalen, deren Heimat der Feind zerstört hatte: »Trotzdem und dennoch wi staoht fast.« Siehe hierzu das Foto auf Seite 20.

Beim Einmarsch der Amerikaner in Münster stand der Kiepenkerl noch fest auf seinem Sockel. Doch er wurde in den ersten »Friedenstagen« zerstört. Warum und durch wen –, das hat sich bis heute nicht ermitteln lassen.

Nach dem Ende des Krieges kam jedoch recht bald der Wunsch nach einem neuen Denkmal auf. Vergeblich hatte sich die Niederdeutsche Bühne 1948 bemüht, einen Wettbewerb zur Gestaltung eines neuen Kiepenkerl auszuschreiben. 12 eingegangene Entwürfe entsprachen nicht den Erwartungen. 1950 beschäftigte sich die Stadt mit dem Kiepenkerl-Denkmal. Der in Münster ansässige Künstler Albert Mazotti bekam schließlich den Auftrag, ein Modell anzufertigen. Dieses wurde 1953 als Bronzestatue in Auftrag gegeben. Der Hauptausschuss des Rates beschloss, den Spiekerhof wieder in alter Form aufzubauen. Dort sollte das Denkmal dann seinen Platz finden.

Am 20. September 1953 war es dann so weit. An diesem Tage fanden vier Veranstaltungen statt: Der Besuch des Bundespräsidenten Prof. Theodor Heuss, der Deutsche Bauerntag, die Münsterschen Heimattage und – die Enthüllung des neuen Kiepenkerl-Denkmals.

Mit einer plattdeutschen Ansprache des Oberbürgermeisters Dr. Busso Peus wurde das Denkmal vor mehreren Hundert Zuschauern enthüllt. Peus bat den Kiepenkerl, die Stadt nie mehr

zu verlasssen, da er ein wichtiger Bestandteil ihres Lebens sei und in den letzten Jahren vielen gefehlt habe. Außerdem drückte er den Wunsch aus, dass das Leben um den Kiepenkerl wieder blühen möge.
Weitere Redner waren Antonius Freiherr von Oer als Vorsitzender des Westfälisch-Lippischen Bauernverbandes, Obermeister Lippert von der Steinmetzinnung, Verleger Leopold Hüffer als Vertreter der Kaufmannschaft, Direktor Hoffmann von der Germania-Brauerei und Theo Breider von der Vereinigung Münster-Münsterland. Als Dank erhielten alle Redner einen Beutel aus der Kiepe mit Schinken, Eiern, Speck und Käse.

Das Kiepenkerl-Denkmal nach dem Luftangriff 1943.

Leben im Schatten von Lamberti

Heinrich liebte es, im Schatten der Geschichte, besser noch: inmitten historischer Bauwerke zu wohnen und zu leben. So sah er es als eine gute und ihn später fast täglich anregende Fügung an, dass seine Wohn- und Arbeitsstätte in der Bolandsgasse von der Lamberti- und Dominikanerkirche, vom Erbdrostenhof, dem Rathaus, Dom, vom Kiepenkerl-Denkmal und der Martinikirche umgeben war. Doch in Münster St. Lamberti schlug sein Herz.

Der geschichtlich interessierte Heinrich Morthorst wusste, dass hier am Schnittpunkt einer alten friesischen und kölnischen Handelsstraße, etwa an der Kreuzung von Roggenmarkt und Alter Steinweg, bereits in der zweiten Hälfte des 10. Jahrhunderts eine alte Kaufmannssiedlung bestanden habe, deren Mittelpunkt eine Kirche gewesen sei. Das Lambertus Patrozinium, so weiß man zu berichten, habe weitere Händler aus dem Raum Lüttich nach Münster gelockt und sich dort ansiedeln lassen. Nach dem Großbrand von 1121 wurde die Kaufmannssiedlung in eine Stadt umgewandelt. Aus der bisherigen Kirche wurde die Pfarrkirche St. Lamberti, die sich innerhalb des Stadtgebietes befand, das später erweitert wurde.

Die historisch zweifellos interessanten und bedeutsamen Ausdehnungen, Abzweigungen und Neugründungen werden in Heinrichs Bewusstsein die Überzeugung gestärkt haben, als Handwerker und Kaufmann an einem lebendigen Mittelpunkt des kirchlichen und gesellschaftlichen Lebens tätig sein zu können.

Von Anfang an widmete er sich neben dem Aufbau seiner Existenz auch dem Wiederaufbau der Pfarrei und der am Ende des Krieges, am 25. März 1945, durch eine Luftmine schwer getroffenen St. Lamberti-Kirche, die, wie er meinte, auch als Ruine noch eindrucksvoll ausgesehen habe. In dieser Zeit hat er mit Propst Uppenkamp und den Pfarrern Buchinger und Hälker zusammenarbeiten können.

Als 1954 der Wiederaufbau der Kirche im Wesentlichen abgeschlossen war, wurde er in den Kirchenvorstand der Katholischen Kirchengemeinde St. Lamberti berufen, die ja noch weitere große Bauvorhaben zu bewältigen hatte. Heinrichs Sachverstand als »Baumeister«, »Finanzier« und »Brötchenbäcker« wurde offenbar allseits geschätzt. Seine Schwester Frieda, die ihm ebenfalls beim Aufbau des Hauses in der Bolandsgasse geholfen hatte, erinnerte sich, dass sie oft einen Korb mit belegten Brötchen in der Lamberti-Baustelle abgeliefert habe, um den Arbeitern etwas »zum Futtern« zu bringen.

Ende 1970, als Heinrich sich mehr und mehr nach Coerde/ St. Norbert zu orientieren begann, wurde er aus dem Kirchenvorstand verabschiedet. Mit Genugtuung konnte er damals darauf zurückblicken, dass es gelungen sei, den Neubau des Altenheimes St. Lamberti an der Scharnhorststraße voranzubringen. Dieses Altenheim war aus dem St. Margareten-Stift und dem St. Joseph-Stift hervorgegangen. Bedeutsam für das gesamte Pfarreileben waren auch die Neubauten des Hauses Bült 10 mit dem Kindergarten in der Kirchherrngasse 5, der Wiederaufbau der Vikarien Alter Fischmarkt 19/20 und Alter Steinweg 29, so-

Zwischen Kiepe und Kreuz

St. Lamberti und der Prinzipalmarkt.

wie der Wiederaufbau der Kirchherrngasse 13.

Nicht selten kollektierte Heinrich an den Sonntagen in der Lamberti-Kirche. Viel lieber aber sang er im Kirchenchor mit, dem er lange Zeit als aktiver Sänger angehörte. Schließlich wurde er auch dessen Ehrenvorsitzender. Neben seiner Frau Agnes gehörten auch noch die Kinder Cäcilia, Christian und Agnes dem Chor an.

Die Lamberti-Pfarrei besaß allerdings noch eine besondere historische Einrichtung, die natürlich Heinrichs Interesse gefunden hatte: Die Bülter St. Petri-Bruderschaft von 1652. Diese Bruderschaft war von Angehörigen der Pfarreien Lamberti, Martini und Servatii gegründet worden. Ihre ursprünglichen Zwecke waren der Selbstschutz und der Schutz der Gemeinden vor den im Mittelalter plündernd und mordend durch das Land ziehenden Horden. Von 1939 bis 1945 war die Bruderschaft von den Nazis verboten und zerschlagen worden. Etliche ihrer Mitglieder wurden damals zwangsevakuiert oder gezwungen, die Stadt Münster zu verlassen. Nach dem Kriege fanden sich die verbliebenen Mitglieder wieder zusammen. Heinrich wurde 1960 als Bruderschaftler aufgenommen. Sein Ansehen und sein Einfluss waren nicht unbeträchtlich; denn 1977, bei der 325-jährigen Jubiläumsfeier, wurde er gebeten, die Festrede zu halten.

Heinrich hat nur wenige Manuskripte seiner Ansprachen hinterlassen. Für gewöhnlich machte er sich handschriftliche Notizen, die er später weglegte – oder nicht wiederfand. Er erwähnt einmal, man habe ihn oft gebeten, doch Erinnerungen aus seinem Leben festzuhalten und niederzuschreiben. »Wann soll ich das auch noch machen!« Dies war seine Antwort. Wir besitzen von ihm lediglich drei Manuskripte: das schon erwähnte über die Geschichte des Kiepenkerls, seine Ansprache vor der Bäkker-Gesangsabteilung und seine Rede vor der Bülter-Petri-Bruderschaft von 1977.

Es dürfte nicht uninteressant sein, aus dieser gut fünf Seiten umfassenden Schreibmaschinen-Schrift einige Passagen zu zitieren, um Heinrich Morthorst im Originalton kennenzulernen. Bei dieser Gelegenheit wird man auch feststellen, dass er sich für seine vielen Ansprachen nicht selten einiger »Versatzstücke« bediente, die er auch bei anderen Gelegenheiten benutzte. Deutlich wird hier erneut sein historisches Interesse, das er lediglich durch sein Selbststudium genährt hat, wozu er auch die vielen Vorträge prominenter Leute rechnete, denen er als Kiepenkerl zuhören konnte. Notizen machte er sich während dieser Vorträge natürlich nicht. Dafür hatte er sein bekanntes phänomenales Gedächtnis.

325 Jahre Bülter-Petri-Bruderschaft von 1652

In der Begegnung und Entwicklung der menschlichen Gesellschaft gibt es Höhepunkte und Tiefen, die sich unüberbrückbar nähern und die sich wieder auseinander leben. Es gilt aber, in vielen Bereichen unseres Lebens Rückschau zu halten und zu überdenken, wie es zu dem jetzigen Zeitpunkt gekommen ist. Ein Jubiläum mit der Zahl 325 ist selten. Es ist auch selten, dass eine Vereinigung sich so lange am Leben hält und eine Aktivität entwickelt, wie das heute Abend zu spüren ist.

Hier gilt es, eine doppelte Frage zu stellen: Wie kam es dazu, diese Bruderschaft ins Leben zu rufen, und wie kommt es, dass sie heute noch existiert?

Zum Ausklang des Mittelalters, am Ende des 16. Jahrhunderts, schien es nach außen hin so, als sei die Welt geordnet nach den Verhältnissen, die damals das Dasein des Einzelnen und der Gemeinschaften bestimmten. Und doch war es ein einziger Anlass, der dieses Gebilde mit einem Schlag zerstörte: Der Prager Fenstersturz am 23. Mai 1618. Mit ihm begann der Dreißigjährige Krieg. Die bis dahin bekannte Ordnung widersetzte sich den normalen Gesetzen. Was gestern gut war, konnte morgen böse sein, und dies galt auch für die umgekehrte Reihenfolge.

Es ist kein Zufall, dass diese grausamen 30 Jahre ihren Abschluss fanden im Rathaus zu Osnabrück und im Rathaus unserer Stadt Münster. Am 24. Oktober 1648 wurde das Signum gesetzt mit dem Westfälischen Frieden, der die Welt nach den damaligen Begriffen neu ordnete. Wir können es uns nicht oft genug ins Gedächtnis zurückrufen, wie damals die Botschafter mit dem Signum »Pax optima rerum – Der Friede ist das Höchste« in die Lande ritten.

Wir müssen aber gleichzeitig hinzusetzen, dass mit dem Ende des Dreißigjährigen Krieges bei weitem nicht die Ordnung, so wie wir sie heute kennen, wiederhergestellt war. Söldner mit ihrem Räubertum, mit Plündereien,

Brandstiftungen und sogar Morden bestimmten die Tagesordnung. Das war die Zeit, als die Frage aufkam, diese Bruderschaft ins Leben zu rufen. Wir müssen dabei berücksichtigen, dass es um eine Selbsterhaltung des Einzelnen und um die Selbsterhaltung der Gemeinschaft ging. ...
Wir müssen dabei aber auch in die Verhältnisse hineinsteigen, die es damals gab: Es gab kaum gepflasterte Straßen. Es gab nur einzelne Häuser, die zum allergrößten Teil mit Stroh bedeckt waren. Zwischen den Häusern lief die Sode (Abwasser). Es gab nur Windmühlen, in denen das Korn für das tägliche Brot gemahlen wurde. Kartoffeln waren damals in Deutschland noch unbekannt. Es gab nur die Ernährungsbasis über das Brot und das Gemüse. In den Annalen ist davon nichts vermerkt, doch hier kommt mir das Bild von der Schwesternschaft in den Sinn, das eigentlich noch höher ins Bewusstsein und enger zum Tragen kommen sollte. Es gibt keine Bruderschaft ohne eine Schwesternschaft! Aus dem einfachen Bereich mit der Schilderung der Wohnlage des Einzelnen und der Einzelnen ergab sich, dass alle auch damals miteinander, zueinander und füreinander sich einzusetzen hatten. Es gab keine Krankenhäuser im heutigen Sinn. Und doch galt, von der Geburt bis zum Hinscheiden eine gegenseitige Hilfestellung zu leisten. Das war ohne einen Auftrag, eine Forderung an die Frau, an die Dame nicht möglich. Und darum muss in diesem Augenblick festgehalten werden, dass wir von der Gründung her genau so gut eine Bülter Schwesternschaft wie eine Bülter Bruderschaft haben. ...
Wo es innen und außen um den auch geistigen Selbstschutz ging, stand die Bruderschaft in erster Linie. Das war auch so – rücken wir weiter in die Gegenwart – während des Kulturkampfes, wo die Kirche gerade im kirchlichen Bereich kolossal gelitten hat. Wir hatten damals einen Bischof, Bernhard Brinkmann, gebürtig aus Everswinkel, der aus der Verbannung nach Münster zurück-

Zwischen Kiepe und Kreuz

kam. Niemals hat es solch einen Festzug zu abendlicher Stunde gegeben, der so eindrucksvoll war wie dieser! Und ich sage das deshalb, weil der bedeutungsvollste Gruß des Willkommens – was ja damals verboten war – in der Bülter Bruderschaft gestanden hat:
In der Korduanenstraße hatte man in einem Haus eines Bülter Bruders ein Fenster mit einem Papierstreifen ausgestattet, in den Buchstaben hineingeschnitten waren, die von der Rückseite mit Kerzenlicht beleuchtet wurden. Von vorne konnte man den (verbotenen) Willkommensgruß lesen: »Et is gut, dat du de wieer bist«.
Solche Dinge zählen, und sie sind authentisch. Ich habe dies von dem verstorbenen Prälaten Hubert Leiwering berichtet bekommen. ...
Wenn wir über die gute, alte Zeit sprechen und uns an sie erinnern, müssen wir doch wohl festhalten: Diese Zeit war alt, aber sie war doch wohl kaum gut. In den äußerst schwierigen Jahren der Inflation nach dem 1.Weltkrieg ging es darum, vielen ein zusätzliches Stück Brot zu verschaffen. Da waren es wieder die Frauen in der Bülter Bruderschaft, die zu einem gerechten Stück zusätzlich verholfen haben. ...
Und gehen wir noch weiter vorwärts in die sogenannte Tausendjährige Zeit, als die Bruderschaft völlig zerschlagen wurde, ihre Mitglieder zum Teil über die deutschen Grenzen hinaus evakuiert wurden... Wir haben erlebt, als sich fast alle wieder zurückfanden in diese Stadt nach 1945, wenn auch nicht immer im gleichen Wohngebiet wie früher: Wie wertvoll ist diese Gemeinschaft aus den beiden bestehenden Bereichen. Hätten wir sie nicht, wir stünden vielleicht in dicken überdimensionalen Reihen nur hier an der Theke.
Ich will die Einzelheiten nicht weiter ausmalen. Wir wollen ja alle gleich auch gerne tanzen. Aber es gilt doch noch, einige Gedanken für die Gegenwart und für die letzten Jahre mit einem Anreihungsbereich zu durchdenken: Die Zeit von 1939 bis 1945 mag sehr schmerzlich gewesen

sein –, doch die Freude heute ist ungültig, wenn der Schmerz nicht dabei ist. In diesem Sinne ist die Bruderschaft unverrückbar treu und fest für sich selbst und in sich selbst geblieben. ...
Der heutige Abend zeigt eindrucksvoll das Bild der 325 Jahre. 325 ist eine Messzahl, keine Abschlusszahl. Und wenn die kürzeren Zeitabstände aufgegliedert werden, so sind die 325 Jahre gleichzusetzen mit 3.900 Monaten, mit 16.900 Wochen, mit 118.300 Tagen und mit 2.839.200 Stunden.
Liebe Bülter Schwestern, liebe Bülter Brüder! Jede dieser Stunden war angefüllt mit sorgender Liebe. Das ist das Beispiel aus dem christlichen Bewusstsein, im menschlichen Bereich etwas zu tun. Deswegen wurde unsere Bruder- und Schwesternschaft gegründet. Und warum diese heute noch besteht:
Wir glauben, dass wir füreinander da sind. Wir hoffen, dass wir zueinander gehören. Und wir lieben, weil wir miteinander leben. Denn die Vergangenheit verbindet uns. Die Gegenwart trägt uns. Die Zukunft wird uns enger zusammenführen, weil die Gegenwart unauflösbar ist.

Der »gute« und der »wahre« Montag

Der alle drei Jahre von der Bäckergilde in Münster »bei Sang, Tanz und Fahnenschlag« gefeierte »Gute Montag« ist zu einem Teil auch ein historisch wahrer Montag, der allgemein am Montag nach Trinitatis (erste Woche nach Pfingsten) gefeiert wird. Der nicht zu leugnende geschichtliche Hintergrund ist das von 1300 bis 1922 dauernde Osmanische (türkische) Reich, dessen Herrscher Orchan 1356 das europäische Festland betrat, den Balkan eroberte und seine Feldzüge nach dem Norden ausweitete. 1453 war es den Osmanen gelungen, das schon lange umklammerte Konstantinopel (heute: Istanbul) einzunehmen. Suleiman der Prächtige (1520-1566) verkörperte die Glanzzeit des Osmanischen Reiches und dehnte seine Herrschaft über Ungarn, Mesopotamien und Teile Arabiens nach Nordafrika aus.

Zwischen Kiepe und Kreuz

1529 hatte Suleiman die Grenzen der habsburgischen Hauptstadt Wien erreicht und diese, allerdings vergeblich, belagert. Dennoch: Die Türken vor Wien –, das war mehr als ein Schock, der das damalige »Abendland« erfasste. Da die meisten Kirchenfürsten jener Zeit zugleich Landesherren waren, sahen sie nicht nur ihre Macht und Herrschaft bedroht. Es ging angesichts der Türkengefahr um die Zukunft des Christentums in Europa.

Die »Reichskreise« als politische Instanz zwischen dem Kaiser und den Reichsständen hatten für die finanziellen und militärischen Mittel zu sorgen, um die Türken bekämpfen zu können. Das Stift Münster gehörte zum Niederländisch-Westfälischen Kreis, der Nordwestdeutschland von der Maas bis an die Weser umfasste, vom Bistum Lüttich bis nach Höxter, vom Westerwald bis nach Ostfriesland reichte. Der Bischof von Münster amtierte gemeinsam mit dem Herzog von Kleve als Steuereintreiber und Rekrutierer von Soldaten für die Türkenfront. Nur mit geringen zeitlichen Abständen sind seit 1526 bis 1685 im Bistum Münster regelmäßig Türkensteuern erhoben worden. Sogar die von einer Steuerzahlung befreiten Stände wie die Mönche und die Pfarrgeistlichkeit der Stadt mussten sich an der Umlage beteiligen.

Umzug der Gesellen am »Guten Montag«

Als die politischen Stände des Westfälischen Kreises nicht mehr die geforderte Türkenhilfe aufbringen konnten, ersuchte der Fürstbischof Ernst im Juli 1601 seine Gläubigen, eine »Türkenkollekte« als freie moralische Verpflichtung eines jeden Christen anzusehen und »so viel und so wenig zu geben, als ihm durch Eingebung Gottes, durch sein andächtiges Herz und Gewissen und durch die Liebe des Nächsten« angesagt würden. Seit 1594 wurden im Bistum Münster täglich mittags die »Türkenglocken« geläutet, um die Gläubigen zum Gebet aufzurufen.

Anstelle einer Geldhilfe haben die Stände des Westfälischen Kreises auch wiederholt Truppen nach Ungarn entsandt. Mehrfach geschah dies unter dem »Kanonenbischof« Christoph Bernhard v. Galen (1650-1678). 1663 hatte er 1000 Fußsoldaten und 200 Reiter nach Ungarn entsandt. Ein Jahr später schickte er noch einmal ein Infanterie- und ein Kavallerieregiment zum Kriegsschauplatz, wohin er aber auch selbst eilte, um die Truppen zu inspizieren.

Dies alles ließ in der Stadt Münster und über deren Grenzen hinaus die Türkengefahr für Jahrzehnte zu einem erschreckenden und Angst einflößenden Dauerthema werden. In etwa vergleichbar mit unserer Nachkriegssituation, als »die Russen«, »die Bolschewiken«, »die Kommunisten« Berlin eingeschlossen, Deutschland geteilt und »ganz Europa« bedroht hatten.

Den Bäckern der Stadt, die seit 1424 eine eigene Wehr stellten, war von der Gildewachtordnung vorgeschrieben, sich Rüstung und Gewehr zuzulegen, damit sie im Kriegsfall gemeinsam mit den Steinmetzen das ihnen zugewiesene Stadttor bewachen und verteidigen konnten.

Wahr ist an der Geschichte des »Guten Montag« auch, dass sich viele Handwerksburschen, unter ihnen nicht wenige Bäckergesellen, in Wien, der Hauptstadt des Heiligen Römischen Reiches befanden, dem damals attraktivsten Anziehungspunkt für die wandernden Gesellen. Die Wanderschaft gehörte in gewisser Weise zum üblichen Ausbildungsprogramm der Handwerker. In Wien gab es in der »Bäckerzeche« eine Herberge für die »Bäckerknechte« aus allen Teilen des Reiches. Aus der Zunftliteratur geht hervor, dass hier neben Bäckerjungen aus Münster solche aus Wien, Calw, Dresden, Bayreuth, Erfurt, Mannheim und Bolkenhain untergebracht waren, deren Verdienste in den

Zwischen Kiepe und Kreuz

Das »Traumpaar« vom »Guten Montag« 1964:
Cäcilia Morthorst und Hubert Bockhorst.

Das Königspaar von 1973:
Norbert Bongert und Christel Krimphove.

Türkenkriegen von 1529 und 1683 heute mit ähnlichen Bräuchen gefeiert werden wie in Münster. (Ausführliche und zuverlässige Informationen über den »Guten Montag in Münster 1683 – 1983« enthält das »Fest- und Erinnerungsbuch« von Elke Seul, Verlag Aschendorff Münster, 1983. Informativ ist auch der Katalog des Stadtmuseums Münster von 1983, »Münster, Wien und die Türken 1683-1983«, erschienen aus Anlass einer Ausstellung zur 300-jährigen Wiederkehr der Befreiung Wiens 1683. Die meisten Fakten in diesem Kapitel sind den beiden genannten Publikationen entnommen.)

Die in ihre Heimat zurückkehrenden Bäckergesellen fanden natürlich in Münster und in den umliegenden Städten und Dörfern des Münsterlandes ein dankbares Publikum für ihre Berichte über bestandene Kämpfe und Abenteuer bei den Türkenbelagerungen. Da die Bäcker auch durch eigene Truppenkontingente in den Zeiten von 1529 und 1683 beim Kampf um Wien beteiligt waren, lag es nahe, ihnen solche Heldentaten zuzumuten wie die Vereitelung einer durch die Türken vorbereiteten Minensprengung und die Verteidigung der Stadt an einer besonders bedrohten Stelle.

Wie immer, wenn es um die Ehrung von Helden geht –, ihre Zahl wird im Verlaufe der Zeit ständig größer, und ihre Verdienste und Ehrungen vermischen sich wie Dichtung und Wahrheit. Und da es bei dem sog. »Guten Montag« sowohl bei den Ehrenden, den Wienern also, als auch bei Geehrten, den Bäckern, um eine unstritig gute Sache geht, ist kein Anlass für einen Historikerstreit gegeben, welche Bäcker aus welcher Stadt damals das Abendland und die Christenheit vor den Türken gerettet haben.

Nicht uninteressant dürfte es allerdings sein, dass sich unter dem Einfluss dieser Hochstimmung auch in Münster eine Heldenlyrik entwickelte, die nach heutigen Begriffen nicht immer geeignet ist, die Verständigung zwischen den Völkern zu fördern. Doch auch diese »Lyrik« gehört zum »wahren« »Guten Montag«:

Der Münsterischen Bäcker ›Guter Montag‹

In Wien, der alten Kaiserstadt,
War aller Mut verloren;
Es lag der Christen arger Feind,
Der Türke, vor den Toren.
Der Halbmond glänzte weit durchs Feld
Auf Kriegesfahnen, Kriegeszelt.

Zum Sturme rückt die wilde Schar,
»Allah il Allah!« brüllen.
Die grimmen Horden, die voll Wut
Die tiefen Gräben füllen.
Der Sultan schwört im stolzen Sinn:
»Noch heute fällst du, hohes Wien!«

Hoch auf den Mauern hält die Schar
Der Wiener, todesmutig,
Wetteifernd Bürger und Soldat
Im Heldenkampf, so blutig.
Verzweifelung wehrt ab den Sturm,
Noch glänzt das Kreuz am Stephansturm.

Der Türke rast, da seine Kraft
Dem Heldenmut erlegen.
Nun greift er an mit arger List
Auf nächtlich dunklen Wegen,
Und durch die Erde einen Schacht
Zieht er im Dunkel einer Nacht.

O hehres Wien, o Christenheit,
Noch heut lägst du in Banden,
Wenn nicht westfälsche Bäckersleut
Auf ihrem Posten standen.
Früh morgens war's, in erster Früh'
Und Teig zum Brote machten sie.

Da stiegen aus dem Schacht herauf
Die ersten Türkenhunde;
Nicht ahnten sie das Missgeschick
Westfäl'scher Bäckerstunde.
Die Bäcker schlugen flugs Alarm,
Und Christen standen Arm an Arm.

Die Türken wurden in den Schacht
Gar bald zurückgetrieben;
Der Kaiser hat vor seinen Thron
Die Braven drauf beschieden
Und bot von kaiserlichem Thron
Den Bäckern kaiserlichen Lohn.

Die aber wollten für die Tat
Nicht Goldeslohn begehren,
Und einen ›Guten Montag‹ möcht'
Der Kaiser nur gewähren.
Der Kaiser spricht: »Wie ihr begehrt,
So sei's in Gnaden euch gewährt!«

Und Münsters Bäcker backen noch
Das Brot in früher Stunde,
Der ›Gute Montag' aber sieht
Sie all in frohem Bunde:
Dreijährlich nur ein guter Tag
Bei Sang und Tanz und Fahnenschlag.

Zwischen Kiepe und Kreuz

Bischof Dr. Reinhard Lettmann
bei der Feier des »Guten Montag« 1986.

Aus der Chronik der Bäckergilde

Der Schriftführer der Bäckergilde Münster, Bernhard Krimphove, hat sich 1918 der Mühe unterzogen, eine handschriftliche Chronik über die wichtigsten Ereignisse aus der Geschichte der Bäckergilde Münster anzulegen. Darin befindet sich auch ein Abschnitt über den »Guten Montag«, den Krimphove als »althistorisches Glanzfest der Bäckerschaft Münsters« bezeichnet. Krimphove kommt, bestätigt durch andere Forschungsergebnisse, zu dem Resultat, es gebe leider keine »beurkundete Grundlage, welche zu einer Einführung des ›Guten Montag‹ geführt hat«.

Am 7. Juni des Jahres 1912 erhielt die Bäckergilde Münster vom Magistrat ihrer Stadt ein Schreiben, in dem die »Münsterer Bäcker« über eine Einladung zum 23. Internationalen Eucharistischen Weltkongress unterrichtet werden. Die Einladung war von der Zentralkanzlei in Wien ausgesprochen worden. Das Einladungsschreiben hatte den folgenden Wortlaut:

An die geehrte ehrenfeste Bäckergilde zu Münster.
Bekanntlich fällt der in Wien im September dieses Jahres tagende Euch. Kongress mit dem Gedenktag der Befreiung Wiens von der Belagerung der Türken zusammen. Damals wurde das größte Unglück dadurch vermieden, dass Bäcker die Minierarbeiten der Türken störten und durch Alarmierung den Erfolg verhinderten. Dies geschah im sog. ›Heidenschuss‹, und es waren Bäcker aus Münster, welche auf solche Weise Wien retteten. Sie erhielten dafür vom Kaiser Leopold ganz besondere Auszeichnungen und wie wir hörten, soll die Erinnerung an diesen Ruhmestag noch immer in Münster fortleben.
Wir würden es nun sehr schön finden, wenn aus Anlass des Kongresses der Erinnerungsfeier eine Abordnung eben dieser Münsterer Bäcker sich an dem Festzuge am 15. September beteiligen würde. Für einen besonders schönen Platz im Festzuge würden wir Sorge tragen, und wir glauben sicher zu sein, der geehrten Bäckerinnung von Münster einen freundlichen Empfang in Wien versprechen zu können.

Auf einer Außerordentlichen Generalversammlung wurde die Einladung angenommen. Drei Meister und drei Gesellen vertraten die »ehrenfeste Bäckergilde zu Münster« in Wien. Und damit ging der Wunsch des damaligen Ehrenmeisters der Gilde, »des Wirkl. Geheim. Oberregierungsrates Regierungspräsident a.D.«, Dr. von Gescher, in Erfüllung, der in einem Schreiben an die Bäckergilde zu dieser Ehrung gratuliert und diese Einladung als ein »neues ehrenvolles Blatt in der Geschichte der Münsterschen Bäckergilde« bezeichnet hatte.

Lassen wir die Frage auf sich beruhen, inwieweit der »Gute Montag« in Münster ein historisch wahrer Montag ist. Das Schreiben aus Wien hatte die bislang strittige Sache entschieden. Die Bäckergilde konnte ihr »althistorisches Glanzfest« weiterhin begehen.

Doch die Gilde feierte nicht nur. Sie half auch mit, die Versorgungsschwierigkeiten des Krieges und der Nachkriegszeit zu überwinden, und sie schuf 1918 mit der Gründung einer Einkaufsgenossenschaft der Bäcker und Konditoren – »Ebäcko« – ein solides Fundament für die künftige Entwicklung des Handwerks – und auch des »Guten Montag«.

Überlieferungen werden unterbrochen, erneut geknüpft, abgeändert und weitergeführt. So auch in Münster nach dem letzten Weltkrieg. Dem seit Ende 1946 als Geschäftsführer für die »Ebäcko« tätigen Karl Fischer ist es zu verdanken, dass nicht nur die von ihm vertretene Genossenschaft, sondern auch der »Gute Montag« wieder auflebten: 1952 wurde zum ersten Mal wieder nach dem Zweiten Weltkrieg und in der Folgezeit alle drei Jahre der »Gute Montag« begangen. Fischer, der 1978 starb, wurde inoffiziell der »Dritte Gildemeister« genannt. Seine Verdienste um die Wahrung der Tradition in Münster und um die harmonische Zusammenarbeit der Berufsstände in der Genossenschaft können nicht hoch genug veranschlagt werden.

Tradition nicht nur als Erbe

War unmittelbar nach dem Kriege beim organisatorischen und geistigen Wiederaufbau oft die Besinnung auf die Tradition und das früher »So-Gewesene« bestimmend, so änderte sich diese Haltung durch die Aktivität neuer Leute. Zu denen gehörte auch Heinrich Morthorst, der bereits zu Beginn seiner Tätigkeit in Kontakt zur Bäckergilde und zur »Ebäcko« gekommen war. Als er 1963 in den Vorstand der Bäckergilde gewählt wurde, machte sich allmählich – unterstützt durch den Gildemeister der Konditoreninnung, Walter Bücker – auch eine leichte Reform des »Guten Montag« bemerkbar: Die brüchig gewordenen Kutschen, in denen die Meister während des Festzuges fuhren, wurden abgeschafft. Auch die Meister gingen künftig zu Fuß. Die Holzgewehre der Bäckergesellen kamen in die privaten Abstellkammern. Und auch mancher Degen, vorgeführt unter viel Anteilnahme der Träger, passte nicht mehr so recht in die Nachkriegslandschaft. Heinrich tat sich ohnehin schwer mit militärischen Symbolen.

Doch über den historischen Grund des »Guten Montag« und seine Bedeutung für Münster konnte man mit ihm nicht streiten. Er hatte zwar auch keine Beweise für die »Rettung Wiens, des

Ein Prosit auf das I. Korps in Münster beim »Guten Montag« 1973.

Abendlandes und des Christentums« durch Münstersche Bäckergesellen. Aber für ihn war es ganz eindeutig, dass er eine solche Tat den Mitgliedern seiner Gilde zutraute, vor allen anderen Nichtmünsteranern. Und diese Überzeugung war für ihn sicherer als jede historische Beweisführung. Schließlich war da ja auch noch das schon erwähnte Schreiben aus Wien von 1912...

Was sich in den folgenden Jahren abspielte, war für Heinrich wie die Verwirklichung eines unvorstellbaren Traumes: Der für ihn historisch so bedeutsame »Gute Montag« erlebte in seiner mehr als 300-jährigen Geschichte ein bisher in Münster nie dagewesenes »Nachspiel«. Das Königspaar von 1964, Hubert Bockhorst und Cäcilia Morthorst, schloss 1968 »den Bund fürs Leben«. Dies wurde natürlich durch die Bäckergilde und die Konditoreninnung gebührend in der Lamberti-Kirche und in der Bürgerhalle des Rathauses gefeiert.

Heinrich Morthorst sah sich der Tradition verpflichtet. Mehr aber noch: er wollte sie weiterführen. So ist sein Einsatz zu erklären, die Kontakte mit Wien zu verstärken, zumal dies unter der neuen Europa-Politik geboten zu sein schien. 1970 wurde nämlich der Stadt Münster die Europa-Fahne durch den Vertreter des Europa-Rates überreicht. Der Zufall wollte es, dass dies durch den Wiener Professor Reichl geschah, der bei diesem Anlass im Friedenssaal des Rathauses erneut die Rettungstat der Münsterschen Bäckergesellen würdigte. Reichl kolportierte bei dieser Gelegenheit eine Story, die Heinrich später immer wieder gerne aufgriff, wenn es um die Beziehungen zwischen Münster und Wien ging: Die Münsteraner Bäckergesellen haben die Wiener nicht nur davor bewahrt, Türken zu werden. Sie haben ihnen auch das Recht genommen, drei oder vier Frauen zu haben. Kein Wunder, dass zwischen Wien und Münster bis heute auch ein besonderes Verhältnis im Hinblick auf die Frauen besteht...

Es lag nahe, dass Heinrich sich auch auf den Weg nach Wien machte. Er wollte die bestehenden Verbindungen verstärken und gleichzeitig Münster einen guten historischen Dienst erweisen. Denn die »normale« Stadtpolitik bot dazu ja keinen geeigneten Anlass.

Ausgerüstet mit Empfehlungsschreiben des Oberbürgermeisters, machten sich Heinrich Morthorst und Walter Bücker auf den Weg nach Wien, um der dortigen politischen und kirchlichen Prominenz ihre Aufwartung zu machen und diese zum »Guten Montag« 1973 nach Münster einzuladen.

So »bierernst« hatten Heinrich und Walter Bücker die Reise nach Wien auch wiederum nicht genommen: Die beiden Gildemeister reisten ohne Anmeldung in die österreichische Hauptstadt. Ihren ersten Kontakt hatten sie mit dem Kulturamt der Stadt, dessen Vertreter allerdings die historischen Verbindungen mit Münster und den heldenhaften Bäckergesellen nicht kannte. Doch dies zu erklären und auch geschichtlich in den richtigen Rahmen zu stellen, dazu war Heinrich erwiesenermaßen ja bestens geeignet.

Als der Wiener Kulturamtsvertreter die beiden Münsteraner, die partout den Bürgermeister sprechen wollten, mit einer Vertreterin des Bürgermeisters »abspeisen« wollte, beharrte Heinrich höflich aber bestimmt auf einem persönlichen Gespräch mit dem Bürgermeister. Der Wiener gab schließlich nach und führte die beiden Herren aus Münster in den »Roten Salon«, um dort den Bürgermeister zu erwarten. Auf dem Wege hierhin hatte Heinrich den Vertreter des Wiener Kulturamtes noch wissen lassen, dass sie auch noch gern beim Hochwürdigsten Herrn Kardinal vorsprechen möchten. Der Wiener konnte den beiden nur den Rat geben: »Sagen sie das aber nicht dem Herrn Bürgermeister, denn die beiden sind sich nicht ganz grün.« Als die drei nun im »Roten Salon« warteten, kam plötzlich ein Schwarm Menschen herein. Heinrich und Walter Bücker vernahmen aus dem Wortgeschwall nur »Respekt, Herr Präsident! Respekt, Herr Präsident!« Mittelpunkt in dem ehrfurchtsvoll gestimmten Trubel war kein Geringerer als der damalige österreichische Bundespräsident Jonas, der das Olympische Komitee zu Gast hatte. Die Stunde war günstig, dem Bundespäsidenten zumindest die Hand zu drücken, den »Guten Montag« zu erwähnen, und mit »Habe die Ehre, meine Herren« ging Präsident Jonas von dannen.

Wen der Bundespräsident empfangen hatte, den konnte der Bürgermeister Leopold Gratz natürlich nicht übersehen. Als dieser dann kam, ließ er auf einem Silbertablett zwei Schallplatten und zwei Medaillen überreichen. Heinrich erkannte: Es war die Bronzene Rathausmedaille der Stadt Wien. Die Münsteraner überreichten im Gegenzug die »Gute-Montags-Plakette« und wurden anschließend zu dem Festessen eingeladen, das der Bundespräsident zu Ehren des Olympischen Komitees hatte ausrichten lassen.

Gestärkt durch das gute Essen, fuhren die Gildemeister nun zum Erzbischöflichen Palais, um dort dem Kardinal, bei dem sie auch nicht angemeldet waren, ihr Anliegen vom »Guten Montag« vorzutragen. Auch hier ließ sich die Sache zunächst schlecht an. Heinrich schaffte es, für den nächsten Tag zwei Minuten für eine Audienz bei Kardinal König zu erwirken. »Zwei Minuten,« so sagte er später, »das ist der Fuß in der Tür, die man ja nicht sofort zuschlagen wird, wenn 120 Sekunden vorbei sind.«

Auch der Kardinal König wusste nicht, wem die Stadt Wien, das Abendland und das Christentum ihre Rettung vor den Türken zu verdanken haben. Er hörte den Gildemeistern überaus interessiert zu, die ihm die Geschichte des »Guten Montag« erzählten, die er jedenfalls bis dahin noch nicht gekannt hatte. »Er war von unserem Besuch sehr, sehr angetan«, erinnerte sich Heinrich Morthorst später. Ein Ergebnis des Besuchs bei Kardinal König war in jedem Fall eine ausführliche Reportage in der »Wiener Kirchenzeitung« über die historischen Verbindungen zwischen Münster und Wien.

Zwischen Kiepe und Kreuz

Natürlich wurden in Wien ohne große Protokollprobleme auch die offiziellen Vertreter der dortigen Bäcker und Konditoren besucht, ein überaus herzlicher Vorgang, über den Heinrich nur lobende Worte fand.

Terminschwierigkeiten hinderten die Wiener daran, 1973 zum »Guten Montag« nach Münster zu kommen. Also kamen sie drei Jahre später am 1. Juni 1976. Der Kardinal hatte als seinen Vertreter den Prälaten Dr. Johann Bauderer geschickt. Den Bürgermeister von Wien vertrat der Österreichische Generalkonsul Dr. Michael Fritz, der in Münster öffentlich bekundete, er werde künftig immer am »Guten Montag« in Münster teilnehmen.

Nach dem Urteil der »Westfälischen Nachrichten« nimmt der »Gute Montag« von 1976 einen würdigen Platz in der langen Tradition dieses Bäcker-Feiertages ein. Die historische Brücke war durch den persönlichen Einsatz der beiden Gildemeister erneut zwischen Wien und Münster geschlagen worden. »Heinrich, das hast du wieder großartig gemacht. Dass du nicht auch noch den Kaiser von Österreich nach Münster zum ›Guten Montag‹ geholt hast...«, lobte Oberbürgermeister Werner Pierchalla nach dem Ausklang des Festes.

1976 war zweifellos ein Höhepunkt in der berufsständischen Tätigkeit von Heinrich Morthorst. Er hatte den »Guten Montag« von 1970, 1973 und 1976 als Gildemeister organisiert, mitgestaltet und auf eine neue, zeitgemäße Bahn gebracht. Am 7. Juni 1978 wurde Hubert Meyer-Potthoff als Gildemeister zu seinem Nachfolger gewählt.

Kreuze tragen – oder ertragen?

Höhen und Tiefen liegen im menschlichen Leben oft nah beieinander. Diese Erkenntnis hat Heinrich Morthorst wiederholt zum Ausdruck gebracht. Darin verdichtete sich seine persönliche Erfahrung. In den siebziger Jahren durfe er im Zusammenhang mit dem »Guten Montag« als Gildemeister etliche gesellschaftliche und berufsständische Höhepunkte erleben. Allerdings drängten sich bereits in dieser Zeit – wenn auch für den Außenstehenden kaum wahrnehmbar – die ersten Schatten kleiner Wegkreuze auf Heinrichs künftigen Lebensweg. Diese Schatten markierten nicht nur Richtungsänderungen, sondern auch Leiderfahrungen.

Mitte des Jahres 1971 gab ihm sein ältester Sohn Heinz (»Heinzi«) den Rat: »Papa, zieh' deinen Kittel aus, du hast genug gearbeitet. Gib' den Betrieb in der Bolandsgasse auf.« Dahinter stand einmal die Sorge des gelernten jüngeren Bäckermeisters um die Gesundheit des Vaters und zum anderen die Erkenntnis, die nach dem Krieg mit einfachen Mitteln wieder aufgebaute Produktionsstätte sei in absehbarer Zeit technisch nicht mehr in der Lage, den Erfordernissen eines modernen Backbetriebs zu entsprechen. Eine Erweiterung war auf dem begrenzten Grundstück kaum möglich. Vor allem aber mussten Öfen und Maschinen erneuert werden. Alles dies waren Maßnahmen, die hohe finanzielle Investitionen erforderten. So stellte sich die für Heinrich und seine Familie entscheidende Frage nach der Zukunft des bisher erfolgreichen und vor allem von ihm geliebten Betriebes. Doch dies war zwar ein bedeutender, aber nicht der einzige Gesichtspunkt für den anfangs heftig und leidenschaftlich umstrittenen Vorschlag des Sohnes. Hinzu kam die von Heinrich oft humorvoll überspielte, wenn nicht gar als abwegig charakterisierte Frage nach dem Zustand seiner Gesundheit.

Wegen seines kranken Herzens galt er bereits in seiner Jugendzeit als »krankes Jüngsken«. Krieg und Gefangenschaft haben dieses offenbar angeborene Leiden weiter verstärkt. Aus Russland kam er mit schweren Erfrierungen und Kreislauferkrankungen zurück, die ihn in den folgenden Jahrzehnten tagsüber oft zu notwendigen Pausen zwangen. Etliche Male lag er wegen dieser und anderer Erkrankungen in verschiedenen Kliniken und Reha-Einrichtungen Münsters und des Umlandes. Viermal holte ihn die Kunst der Ärzte nach einem Herzstillstand von der Intensivstation wieder in das für ihn »normale« Leben zurück. Und jedesmal bestätigten die Ärzte, Heinrichs beste Medizin seien sein starker Lebenswille und seine Grundhaltung der Freude, die auf die anderen Patienten, die Schwestern, Pflegerinnen, Pfleger und Ärzte ausstrahlte. Unter Freunden konnte er sich diebisch darüber freuen, dass die Krankenkassen mit seinen Beiträgen »keine guten Geschäfte« machen konnten.

Wenn der Kiepenkerl im Krankenhaus lag, wuchs der Besucherstrom an. Sobald Heinrich es sich erlauben konnte, ließ er die übrigen Patienten an seiner Fröhlichkeit und an seinem Optimismus teilhaben. Dankbarkeit gegenüber dem Krankenhauspersonal – ausgedrückt durch eine Tafel Schokolade mit dem Kiepenkerl-Bild – war in der Regel seine erste Reaktion. Manchmal trat er nach der Genesung auch als Kiepenkerl im Krankenhaus auf.

Enkelkinder trösten ist wichtiger als politische Pläne entwickeln.

Wenn die Kiepe des Lebens schwer wird...

In der normalen Unterhaltung existierten seine Krankheiten nicht. Sie waren für ihn »vorübergehende Malästen«, »normale Alterserscheinungen«, »Sachen, mit denen man fertig werden muss«. Wenn ihn der Trigeminus-Nerv plagte und sein Gesicht vor Schmerzen verzerrte, zog er sich zurück und war eine Zeit lang nicht zu sprechen. Ein leidgeplagter Kiepenkerl –, das passte nicht zu dem Bild, das seinem Rollenverständnis entsprach und das er für die Öffentlichkeit mit aufgebaut hatte.

Doch was nach Verdrängung von Leid, Schmerz und Enttäuschung aussah, war eigentlich nichts anderes als seine ganz persönliche, aus dem christlichen Glauben gestärkte Bewältigung dieser Lebensprüfungen und Herausforderungen: »Man hat an der Kiepe Spaß, wenn sie schwer ist. Denn dann ist sie voll mit Sachen, mit denen man anderen eine Freude machen kann. Wenn du gibst, anderen etwas schenkst, bekommst du immer etwas zurück. So ist das auch in unserem Leben. Ein Leben kann auch durch Schmerz und Leid und durch Enttäuschungen reicher werden. Nur: Du darfst die schwere Kiepe nicht ertragen und darunter stöhnen, du musst sie tragen. Leid und Schmerz werden leichter, wenn wir sie annehmen, wenn wir sie tragen.«

Natürlich versuchte Heinrich Morthorst auch, den negativen Begleiterscheinungen seines Lebens auszuweichen. Als schließlich Ende 1971 aus der Bäckerei in der Bolandsgasse die jetzt von »Heinzi«, seiner Frau Maria und der Tochter Jutta florierend betriebene »HOT DOG-Station« wurde, die anfänglich »City-Grill« hieß, überlegte Heinrich, ob und wie er doch noch einen seiner Lieblingswünsche erfüllen könne, nämlich in die Politik des Landtags als CDU-Abgeordneter »einzusteigen« oder wenigstens eine Legislaturperiode im Rat der Stadt mitzumachen. Schon 1966 hatte er sich erfolgreich um eine Kandidatur für den Düsseldorfer Landtag beworben, doch dieses Vorhaben schließlich wieder aus nicht bekannten Gründen zurückgezogen. Wollte er 1971 die durch die Aufgabe der Bäckerei entstehende »Leere« ein wenig ausfüllen? Andere vermuten, er habe der CDU in Münster durch ein Mandat zeigen wollen, dass er doch mehr in sich habe als nur das »Zeug« zu politischen Ehrenämtern. Die

Wahrheit liegt zwischen Kiepe und Kreuz, vermutlich mehr bei den zunehmenden drückenden Lasten der kleinen und größer werdenden persönlichen Lebenskreuze.

So sehr Heinrich den publikumswirksamen, öffentlichen Auftritt mit der Kiepe liebte, so zwang ihn die schubweise auftretende Erkrankung seiner Frau, die er liebevoll bis an sein Lebensende »Püppi« nannte, immer häufiger als bisher, zu Hause zu sein, nicht zuletzt auch, um notwendige Entscheidungen treffen zu können. Er selbst benutzte bei seinen persönlichen »Malästen« oft die Liege, die sich im Wohnzimmer befand. So konnte er tagsüber oder am Abend die Anstrengungen des Treppensteigens vermeiden.

Allein waren Heinrich und »Püppi« allerdings nie. Ihre Kinder und Enkelkinder umsorgten sie vorbildlich, mit großer Liebe und Hingabe. Doch da deren Leben sich auch in anderen Perspektiven und Ortsbezügen abspielte, war natürlich der tägliche Kontakt nicht immer möglich. Hier sprangen die Nachbarn ein. Hausschlüssel wurden ausgetauscht, um zu jeder Zeit einen Zugang zu dieser oder jener Wohnung zu ermöglichen. Trotz eines Serieneinbruchs in der Coerder Breslauerstraße durch einen offenbar Drogensüchtigen blieb Heinrich bei dem Rat eines Freundes, seine Terrassentür offen zu halten, um mühelos und ungehindert zu ihm gelangen zu können. Wie notwendig dieser freie Zugang war, mag die Tatsache erklären, dass er zweimal, offenbar kreislaufgeschwächt, bewusstlos in seiner Wohnung aufgefunden wurde. »Das geht aber keinen was an, auch nicht den Doktor«, meinte er nach der »Auffindung«, die er später gern mit einem guten Cognac besiegelte.

Stärker und belebender war für ihn nach wie vor die Tatsache, dass sich für ihn, den »einfachen Bäcker aus dem Oldenburger Land«, ein »historischer Bogen« gebildet hatte, der von den Türkenkriegen bis zum »Guten Montag« in den siebziger Jahren nach Münster reichte. Lebendes Beispiel hierfür waren das »Gute-Montag«-Paar Cäcilia und Hubert mit ihren Kindern.

Doch die mit dem »Gute-Montag-Traumpaar« von Münster gefassten Pläne reiften nicht. 1980 starb Cäcilia, ohne Zeichen einer Vorahnung. Ein Schock nicht nur für die Familie. Für Heinrich und seine Frau war dies nicht nur ein großes Leid, sondern eine zugleich tiefgreifende Herausforderung. Doch die persönlichen Kreuze wurden noch schwerer: 16 Monate später starb Hubert, der Mann von Cäcilia, plötzlich durch einen Herzinfarkt. Er hatte kurz zuvor Marlies, seine zweite Frau geheiratet. Diese nahm sich nun der drei Kinder an, die Heinrich natürlich, wie alle Enkelkinder, in sein Herz schloss und besonders förderte. Für die drei Kinder und ihre zweite Mutter stand das Haus in Coerde immer offen. Ebenso oft besuchte er mit seiner Frau das Haus in Mecklenbeck. Thomas, der einzige Junge unter den 11 Enkelkindern, blieb zeitlebens sein geliebter Enkelsohn und treuer Helfer in allen Belangen, besonders, wenn sie technisches Können erforderten.

Doch auch Marlies lebte in ihrer stets von Heinrich und Agnes unterstützten Familie nicht lange. Sie starb 1990 im Alter von 50 Jahren. Doch das waren noch nicht alle Kreuze, die er, für die meisten Mitmenschen unsichtbar, in seiner Kiepe trug. Er nahm das Leid mit schwerem Herzen an. Ohne zu murren. Doch je älter er wurde, brach auch bei ihm die natürliche Offenheit durch, die es ihm, der früher selten persönliche Betroffenheit in eigener Sache gezeigt hatte, nun erlaubte, Gefühle zu zeigen und sich zu ihnen zu bekennen. Er klagte und weinte. 1987 holte ihn ein neuer Schicksalsschlag ein: Der Mann seiner Tochter Elisabeth, die sich mit den anderen Geschwistern regelmäßig um ihre Eltern gekümmert hatte, starb. Neue Sorgen, neue Pläne, aber auch neue Begrenzungen. Nun gehörte auch Elisabeth mit ihren beiden kleinen Töchtern – trotz eigener Wohnung – zur engen Familiengemeinschaft in Coerde. Bis zur Übersiedlung Heinrichs in das Seniorenheim »Friedrichsburg« hat diese jüngste Tochter treu für ihn und den Haushalt gesorgt.

Das letzte Kreuz wartete 1995 auf ihn. Im Alter von 83 Jahren starb seine Frau Agnes. Seit dieser Zeit schulterte er nur noch selten seine Kiepe. Der fast tägliche Gang zum Friedhof brachte dem nun in seinem Haus in Coerde allein Wohnenden Trost und Kraft für das ganz und gar ungewohnte und nicht selten von Einsamkeit geprägte neue Alltagsleben.

Heinrich, vom Karikaturisten Hoffmeister skizziert, hängt mit vielen anderen Lokalmatadoren im »Alten Gasthaus Leve«.

Politik nicht nur für Freunde

Heinrich liebte Kontakte zu vielen Menschen. Darum vertiefte er sich auch gern in Informationen über Fragen des öffentlichen Lebens in Politik, Gesellschaft und Kirche. Für die Post war er ein guter Kunde. Er las »Berge« an Briefen, Zeitschriften und etlichen Informationsdiensten, die ihm Freunde zustellten. Wenn die Augen zeitweilig nicht mitmachen wollten, nahm er eine Lupe zum Lesen. Das Kerzenlicht auf seinem Tisch sollte seinen Blick und seine Gedanken fixieren.

An den Festtagen kamen die Bäcker und Konditoren und brachten ihrem pensionierten Kollegen Kuchen und Gebäck. Die Jäger, die ihn als »Edeltreiber« anheuerten, lieferten in der Winterzeit einen Hasen oder einen Fasan. Die »Parteifreunde«, die er lieber »Freunde« nannte, weil er eben nicht nur in der CDU, sondern auch in anderen Parteien Freunde hatte, suchten ihn oft auf, um seinen Rat einzuholen. Alle demokratischen Parteien waren für ihn nur Teile eines Ganzen. Auch Heinrich hatte, wie er oft bekannte, aus der Nazizeit gelernt, dass es den Bürgern und dem Staat nur dann gut geht, wenn sich die Parteien als notwendige Teile verstehen, die zur Zusammenarbeit verpflichtet sind. Machtpolitische »Spielereien« nur zum Wohle eines Teils schwächten alle.

Den Weg in die Politik hatte ihm auch ein Handwerker gezeigt: der ehemalige Schuhmachergeselle und spätere Domvikar in Köln, Adolf Kolping (1813-1865). Der Gründer des katholischen Gesellenvereins forderte zur religiösen Erneuerung der Gesellschaft von seinen Mitgliedern deren politisches Mitwirken als christliche Staatsbürger. Auch in diesem Sinne ein konsequenter Kolpingsohn, wurde Heinrich 1952 Mitglied der CDU in Münster-Altstadt. Schon bei einer der nächsten Versammlungen wurde er zum Stellvertretenden Vorsitzenden gewählt. Dann wurde er Beisitzer im Kreisvorstand und später dessen Stellvertretender Vorsitzender.

Die Politiker der »ersten Stunde«, die später im Nachkriegsmünster Heinrichs Weg kreuzten, waren der erste von der Militärregierung eingesetzte Justizrat Carl Peus, den Bischof Galen den Briten empfohlen hatte. Peus blieb nur bis zum Juni 1945 in seinem Amt. Ihm folgte bis Januar 1946 der ehemalige Landesrat bei der Provinzialverwaltung Dr. Karl Zuhorn, der schon einmal von 1931 bis zur »Machtergreifung« der Nazis Stadtoberhaupt war. Zuhorn hat sich später als Oberstadtdirektor große Verdienste um den Wiederaufbau Münsters und um den Erhalt der Verwaltungsmetropole erworben. Von April 1946 bis zum Oktober dieses Jahres bekleidete Dr. Wilhelm Siehoff das Amt des Oberbürgermeisters; desgleichen noch einmal von 1951 bis 1952. Führendes Mitglied der Zentrumspartei war der spätere Bundestagsabgeordnete Dr. Bernhard Reismann, der von 1957 bis 1958 Regierungspräsident in Münster war. Landesrat Franz Rediger war das erste im Oktober 1946 vom Rat der Stadt gewählte Oberhaupt. Ihn löste 1948 Gerhard Boyer ab, der bis 1951 amtierte. Von 1952 bis 1964 stand dann Dr. Busso Peus an der Spitze der Stadt. Er war der Sohn des ersten Nachkriegsbürgermeisters. Vor dem Krieg gehörten Carl Peus und Karl Zuhorn der Zentrumspartei an. Nach dem Krieg kam lediglich Siehoff aus dem Zentrum. Karl Zuhorn, Gerhard Boyer, Busso Peus und Franz Rediger waren Mitglieder der neu gegründeten CDU.

Das Handwerk verband Heinrich Morthorst mit dem Zimmermeister und SPD-Politiker Theo Geringhoff. Dieser war zeitweise Stellvertretender Oberbürgermeister und Vorsitzender des Planungs- und Bauausschusses. Als Kreishandwerksmeister und als Vorsitzender des Planungs- und Bauausschusses hat er

Zwischen Kiepe und Kreuz

sich große Verdienste um die Wiederherstellung des alten Stadtbildes von Münster erworben. In seiner Denkungsart traf er sich mit Heinrich Morthorst, der in ihm aber auch den sachkundigen und selbstlosen Handwerksmeister schätzte.

Bei den ersten freien Wahlen nach dem Krieg am 13. Oktober 1946 erzielte die CDU 43,3 Prozent aller Stimmen. Sie sicherte sich jedoch mit 27 Mandaten genau drei Viertel aller Mandate. 5 Mandate entfielen auf die SPD, 3 auf das Zentrum und ein Mandat auf die FDP.

Heinrichs politischer Weg innerhalb der CDU entwickelte sich offenbar umso problemloser, als man ihm keinen machtpolitischen Ehrgeiz nachsagen konnte. Er war ein Mann des Ausgleichs, der sich in den Dienst seiner Partei stellte, wenn er sich dabei den Menschen nutzbar machen konnte. So war es eigentlich keine Überraschung, als er 1963 zum Ersten Vorsitzenden des CDU-Kreisverbandes als Nachfolger von Dr. Albrecht Bekkel gewählt wurde. Mit ihm wurde Oberregierungsrat Karl Stricker in den Vorstand gewählt. Der eine war Handwerker und der andere Jurist. Die beiden Neuen haben sich gleich nach der Wahl »gefunden«. Beide, so wurde in der Partei gerühmt, hätten die Liebe zur Kommunalpolitik von Haus aus mitgebracht. Und beiden seien Geselligkeit und die Liebe zum Gerstensaft zu Eigen gewesen. Eigenschaften, die man besitzen müsse, wie Heinrich meinte, um trockene Parteiversammlungen »ankurbeln« zu können.

Das Amt des Ersten Vorsitzenden übte er dreieinhalb Jahre aus. In diese Zeit fiel der Wahlkampf für den Bundestag 1965. Er brachte Heinrich die später von ihm oft erwähnte Gelegenheit gemeinsamer Wahlkampfauftritte mit Bundeskanzler Dr. Adenauer und dem nicht weniger berühmten Wirtschaftsminister Dr. Erhard.

Wahlkampf 1965: Heinrich Morthorst (Mitte) – er war damals Kreisvorsitzender der CDU – mit Bundeskanzler Dr. Konrad Adenauer.

Wahlkampf 1965: Schirmträger Heinrich Morthorst mit Bundeswirtschaftsminister Dr. Ludwig Erhard.

1971 geriet die CDU-Kreispartei in eine schwere finanzielle Krise. Es kam der Ruf nach einer Neuwahl des Schatzmeisters auf. Heinrich stellte sich zur Wahl. Er erhielt 104 von 107 Stimmen. Den drohenden Bankrott konnte er abwenden. Mit Erfolg bat er bei vielen Privat- und Geschäftsleuten um Spenden für die angeschlagene Partei. Man glaubte ihm, da er selbstlos auftrat. Sein damaliger Kommentar: »Ich bin für die CDU nicht nur gelaufen, sondern gerannt.«

1975 gab er sein Amt als Schatzmeister in andere Hände. Doch es blieb für ihn beim Laufen und beim Sammeln für die CDU, obwohl er ja inzwischen finanziell auch für »seinen« Sozial-Kulturellen Arbeitskreis (SKA) unterwegs war, der sich in den Dienst an den älteren Bürgern Münsters gestellt hatte.

Heinrich hat sich nie um einen Posten beworben. Immer wurde er gebeten, sich zur Wahl zu stellen oder dieses oder jenes Amt anzunehmen. Er hat sich dann dem Wunsch seiner Freunde gebeugt, obwohl er nicht selten, wie er es hin und wieder bekannt hat, in Problemsituationen mit seiner Familie kam. Doch die CDU wusste es zu schätzen, einen bei vielen Bürgern geachteten Mann in ihren Reihen zu haben. Über die Parteigrenzen hinweg wurde er als eine Persönlichkeit geschätzt, die sich allen Bürgern zur Verfügung stellte, die manchmal unter den vorherrschenden politischen, bürokratischen oder gesellschaftlichen Strukturen nicht zurecht kamen.

Sein Ansehen war natürlich vor allem dem Mittelstand bekannt. Unermüdlich hat er in seiner Partei dafür geworben, das »C« nicht zu vergessen oder gar über Bord zu werfen. Christliche Grundsätze in der Politik zu verwirklichen, war für ihn die erste Aufgabe, die er auch an seine Partei richtete.

Die CDU schätzte seine selbstlosen Dienste. Sie ernannte 1997 Heinrich Morthorst zu ihrem Ehrenvorsitzenden. Dr. Friedrich-Adolf Jahn, ebenfalls Ehrenvorsitzender der CDU-Münster, erklärte unter dem Beifall der sich zu Ehren von Heinrich Morthorst erhobenen Delegierten, er sei ein hervorragender Botschafter Münsters gewesen; er habe es selbst bei den SPD-Wählern geschafft, für die CDU Spenden zu kassieren. Seine Qualitäten, die ihn auszeichneten, seien Güte, Lebensweisheit und Humor. Wer im Leben Erfolg haben wolle, müsse seinem Beispiel folgen. Der damalige Kreisvorsitzende, der Bundestagsabgeordnete Ruprecht Polenz, stimmte mit Heinrichs Hilfe seine Partei darauf ein, 1999 die rot-grüne Koalition in Münster wieder abzulösen.

Es gab im Verlaufe der Zeit immer wieder viele Fragen und auch viele Fragesteller, die von Heinrich wissen wollten, wie er eigentlich in Münster nach der Stunde »Null« angefangen und sich schließlich auch auf diesem nicht unwichtigen Gebiet der Politik durchgesetzt habe.

Im Oktober 1997 kam es in diesem Zusammenhang zu einem längeren Gespräch zwischen Heinrich Morthorst, dem früheren Regierungspräsidenten Erwin Schleberger, dem ehemaligen Oberstadtdirektor Dr. Hermann Fechtrup und Tono Dreßen, dem 1. Baas des Vereins »De Bockwindmüel«. Heinrich erklärte auf die Frage nach dem Beginn seiner politischen Tätigkeit in Münster, er sei 1952, dem Jahr des »großen Aufbruchs der CDU«, sofort ins kalte Wasser geworfen worden. Er und der ebenfalls neue Oberbürgermeister Dr. Busso Peus hätten von Anfang an einen guten Kontakt miteinander gehabt. Man habe sich oft besucht und sich »sehr unterstützt im Frage- und Antwortspiel. ... Ich war dann so der Junge, den man überall gebrauchen konnte, wo andere nicht mehr zurecht kamen. In vielfacher Form. Und ich bin seither in der Politik geblieben, ohne eine besondere (spezielle politische) Aufgabe zu haben.«

Auch mit dem damaligen Oberstadtdirektor Heinrich Austermann habe er ein sehr enges Verhältnis gehabt. Heinrich erinnert sich an eine Begegnung mit Austermann auf dem Prinzipalmarkt, der noch nicht vollständig wieder aufgebaut gewesen sei. Austermann habe damals den für ihn wichtigen Satz gesagt: »Heinrich Morthorst, wenn Sie verwaltungsmäßig nicht zurecht kommen, dann lassen Sie mich das wissen.« Und da er ja ein »Freund der kleinen Leute« gewesen sei, die im Leben nicht weiterkamen, habe er sich ihrer Schwierigkeiten angenommen und sei zu ihrem Fürsprecher vor Behörden, Ämtern, Organisationen und anderen öffentlichen Einrichtungen geworden. Aber: »Ich machte nur saubere Sachen, also keine krummen Dinger! Mein Prinzip war: Du musst nach oben gehen –, nach unten kommst du von selbst.«

Da sei zum Beispiel eine Sache im Sozialbereich gewesen, die etwas mit einer Wohnraumbeschaffung zu tun gehabt habe, und er glaubte, hier müsse man der betreffenden Person doch helfen. Er ging also ins Vorzimmer des Oberstadtdirektors und klopfte bei einem Oberamtsrat an, dem er auch sein Anliegen vortrug. Doch der fragte ihn zunächst:

»Sind Sie im Rat der Stadt?«

»Nein, bin ich nicht.«

»Was haben Sie denn damit zu tun? Was wollen Sie denn überhaupt?«

Heinrich fuhr fort: »Wenn das so ist, dann verbinden Sie mich doch mit dem Herrn Oberstadtdirektor.«

»Und was wollen Sie dort?«

»Ja, der Oberstadtdirektor hat mir gesagt, wenn ich verwaltungsmäßig nicht zurecht komme, dann soll ich ihn das wissen lassen. Er hat mir Ihren Namen genannt, und jetzt bin ich hier.«

Das sei wie ein »gegenseitiger Aufschrei ohne Töne« gewesen, erinnert sich Heinrich. »Und mit einem Mal: Die Türen, die Schubladen und die Schränke öffneten sich wie von selbst. Und das ist so geblieben. Und ich habe im guten Sinne vieles Gute für viele arme oder schwache Leute tun können. Und mir ist bei diesem Helfen auch viel gelungen.«

Und an ein anderes Beispiel erinnert er sich, als er in der Bolandsgasse sein Geschäft eröffnet hatte: »Um die Ecke rum in dem alten Kino« sei damals das Wohnungsamt untergebracht gewesen. Und wenn die Beamten in einer Wohnungsangelegenheit Streitigkeiten zu behandeln hatten, »dann luden die mich schnell zur Sitzung ein.« Das Gericht musste ja zahlenmäßig richtig besetzt sein, um eine Entscheidung treffen zu können. Hier war dann Heinrichs guter Menschenverstand gefragt, der zuweilen, wenn auch vielleicht nicht so ganz korrekt im Einvernehmen mit der Geschäftsordnung, zu einer menschlichen Lösung eines Problems führte. »Ich bin eben ein Freund der Menschlichkeit.«

In Münster sprach man nach dem Kriege von zwei Oberbürgermeister-Generationen. Die ersten fünf Oberbürgermeister amtierten bis 1952 und hatten durchweg eine kurze Amtszeit. Die zweite Generation von 1952 bis in die Gegenwart wird durch Busso Peus, Albrecht Beckel, Werner Pierchalla, Jörg Twenhöven, Marion Tüns und Berthold Tillmann dargestellt. Von diesen gehörte lediglich Marion Tüns den Sozialdemokraten an, die mit den »Grünen« eine Regierungskoalition bildeten.

Zu Marion Tüns, der ersten sozialdemokratischen Oberbürgermeisterin, hatte Heinrich ein von Hochachtung und zugleich von Verständnis geprägtes Verhältnis, das seine grundsätzliche Einstellung deutlich machte, politisch nicht nur zu den Größen im »eigenen Lager« aufzuschauen. Hochachtung brachte er der parteipolitischen Gegnerin entgegen, weil sie sich mit Leidenschaft und mit einer gewissen politischen »Unschuld« in ein vornehmlich von Männern beherrschtes Geschäft einmischte, in dem sie nicht auf Nachsicht rechnen konnte. Was sie natürlich auch nicht erwartete. »Eine Frau«, das war Heinrichs Ansicht, »schmückt sich für den politischen Kampf nicht mit harten Bandagen. Marion Tüns hatte allerdings ihren großen Hut.«

Die rot-grüne Koalition in der Stadt Münster, die 1999 nach einer fünfjährigen Wahlperiode durch eine CDU-Mehrheit abgelöst wurde, bescherte Heinrich aber zugleich auch einen neuen politischen Gesprächspartner: Jochen Köhnke, der Bürochef der Oberbürgermeisterin, wurde sein Nachbar. Beide lernten sich bald kennen und schätzen, und der um 40 Jahre jüngere Köhnke würdigte Heinrich als einen zuverlässigen Mann, dem man »blind« vertrauen könne, auch wenn man politisch in einem anderen Lager angesiedelt sei.

Es ist erklärlich, dass Heinrich Morthorst zu der zweiten Generation der Oberbürgermeister ein engeres Verhältnis als zu den »Männern der ersten Stunde« hatte. Politisch aktuelle Anlässe waren für ihn nach 1952 häufiger gegeben und führten nicht selten zu leidenschaftlichen innerparteilichen Diskussionen. Natürlich gab es dabei auch – wie er sich ausdrückte – »Frontbildungen«, »Grabenkämpfe« und »Komplott«-Erscheinungen, wenn einer was werden oder verhindern wollte, dass einem anderen dieser oder jener Posten zufiel. Heinrich kannte bei seiner politischen Arbeit zwei Grundsätze, die er stets zu beherzigen suchte: 1. Alle Probleme müssen in der Partei durch den direkten Kontakt mit den Mitgliedern erörtert und gelöst werden. So hat er in seiner Zeit als Kreisvorsitzender eine Besuchs- und Kontakt-Aktion gestartet, durch welche die von ihm vertretene Partei bei zahlreichen Einrichtungen der Wirtschaft, der Verwaltung, der Wissenschaft, der Kirchen und sonstiger sozialer und kultureller Gremien wieder ins Gespräch kam. Er wollte hierdurch nicht zuletzt daran erinnern, dass die CDU sozial und christlich geprägt sei. Doch dieses Werben fand nicht überall in der Partei die von ihm erhoffte Gegenliebe. Hier verschaffte sich dann sein 2. Grundsatz Geltung: Resignation löst keine Probleme. Getreu dem Anliegen des Gründers der Zentrumspartei, Ludwig Windthorst (1812-1891), muss die Partei in wichtigen Fragen Einigkeit bewahren und fördern.

In Heinrichs spärlichen persönlichen Anmerkungen oder Aussagen finden sich daher auch keine herabsetzenden Bemerkungen über diesen oder jenen »Parteifreund«, mit dem er sich gelegentlich angelegt hat. Wohl heißt es hier und da, es sei zu einer offenen privaten Aussprache gekommen und die strittige Sache auf diesem Wege geregelt worden. Stets hat er andere ermuntert, »die Brocken nicht hinzuwerfen«, weil sich ihre persönlichen politischen Erwartungen nicht erfüllt hatten.

So im Falle des CDU-Oberbürgermeister Gerhard Boyer, der durch Busso Peus abgelöst wurde. Boyer erhielt als »Trostpflaster«, wie Heinrich meinte, den Fraktionsvorsitz. Doch das klappte nicht so recht: »Und dann blieb er ganz weg. Gerhard Boyer wollte aus der CDU austreten. Wer musste hin? Heinrich Morthorst vom Vorstand. ... Ich sagte zu ihm: Wenn du jetzt aus der CDU austrittst, dann hast du alle Aufgaben, die du in der Politik gemacht hast, für dich gemacht und nicht für die Stadt Münster. Und dann sagte Boyer: ›Ich bleibe drin, fertig!‹«

Mehr als die personalpolitischen Querelen machten Heinrich andere Entwicklungen zu schaffen: Im Verlaufe der Zeit, als die CDU sich immer mehr allen Bürgern, aus welchen geistigen Richtungen sie auch kommen mochten, als eine Volkspartei anbot, stellte er ein Abbröckeln oder gar Wegbrechen ethischer

Zwischen Kiepe und Kreuz

Der Kiepenkerl mit der Bundestagspräsidentin Rita Süssmuth, Bundesminister Klaus Töpfer und Oberbürgermeister Dr. Jörg Twenhöven.

Grundsätze nicht im Parteiprogramm, wohl aber bei etlichen Parteigrößen fest. Geschiedene Ehen waren nicht mehr wie früher ein Hinderungsgrund für die Ausübung einer hervorgehobenen Tätigkeit in der CDU. Und hatte man früher nach der konfessionellen Praxis eines Kandidaten für ein Parlamentsmandat gefragt, so hatte er den Eindruck, dass diese Frage heute als Diskriminierung des Bewerbers aufgefasst wurde. Auf manchen Parteitagen – nicht in Münster, worauf er Wert legte – erschienen ihm die christlichen Bezüge nur noch als schmückendes Beiwerk.

Andererseits beobachtete er bei den aufkommenden »Grünen« und selbst bei den vom früheren Bischof von Münster, Dr. Michael Keller, als für Katholiken nicht wählbar bezeichneten Sozialdemokraten katholische Aktivitäten, die sein bisheriges Weltbild ein wenig ins Wanken brachten. Nicht wählbar war für ihn – auf Bundes- und Landesebene – in jedem Fall die FDP. Doch auch die hier gemachte Einschränkung zeigt, dass er kommunalpolitisch mit der FDP in Münster andere und durchaus positive Erfahrungen gemacht hatte, wobei er in diesem Zusammenhang den FDP-Politiker Brück erwähnte. Doch auch dieser war in einer gewissen Weise ein Handwerker wie er.

Sorgen über die Zukunft unserer Gesellschaft

Heinrich lastete den von ihm beklagten Verfall oder die immer geringer werdende Berücksichtigung ethischer Werte nicht seiner Partei an. Er setzte diese Erscheinung vielmehr in einen direkten Zusammenhang mit dem Rückgang der Priester- und der Ordensberufe. Das zunehmende materielle Denken lasse die Seele verkümmern. »Über Rundfunk und Fernsehen werden zigmal am Tag die Aktien- und Börsenkurse in die Köpfe hineingespult. Wir machen Millionäre! Doch wie machen wir zufriedene Menschen? Ohne Dienst – das Wort ist ja heute schon verpönt – geht es nicht.«

Seine besondere Parteierfahrung war im Grunde nichts anderes als eine allgemeine gesellschaftliche Erfahrung. Vermutlich erfuhr er diese Sorgen auch aus jenen Gesprächen, die er mit seiner Schwester, die ja Ordensfrau ist, geführt hatte.

Heinrich, der sehr belesen war, hatte bei seinen Studien der Geschichte des Oldenburger und des Münsterlandes erfahren, dass die Situation von heute durchaus mit den Zeiten vor zwei- oder dreihundert Jahren vergleichbar ist. Auch nach dem Dreißigjährigen Krieg (1618-1648) und später nach dem Siebenjährigen Krieg (1756-1763) hätte es einen großen Mangel an Seelsorgern gegeben, nicht davon zu reden, dass viele katholische Priester nicht so lebten, wie es ihnen eigentlich die von ihnen gelobten und beschworenen Gebote aufgegeben hätten. »Christoph Bernhard von Galen (1650-1678) hat mehr mit Kanonen regiert als mit dem Kreuz.« Heinrich war ganz entschieden für eine Herrschaft des Kreuzes.

Doch die durch den Wandel der Zeit bedingten Probleme lagen auf der Hand. Man müsse sich heute auch in Münster etwas einfallen lassen, wenn man nicht, wie damals, die Kirchen in Lagerhallen oder Pferdeställe umwandeln wolle. Natürlich litt Heinrich darunter, dass der Kirchenbesuch an den Sonntagen immer geringer wurde. Aber gleichzeitig wetterte er gegen die aus Gründen des Arbeitsmarktes oder des Verkehrs eingegangenen »Kompromisse« bei der Verlegung der »Großen Prozession«, der Pest- und Brandprozession. Diese Prozession geht auf das Jahr 1382 zurück, als mehr als 8 000 Einwohner Münsters der

Zwischen Kiepe und Kreuz

Münsters »Gewerkschaft der Kiepenkerle«
lebt – laut Heinrich – nicht von Lohnforderungen,
sondern von ehrenamtlichen Dienstangeboten.

Pest zum Opfer fielen und ein Jahr später bei einem verheerenden Brand Hunderte von Häusern in Schutt und Asche sanken. Damals fassten Bürgerschaft und Geistlichkeit den Entschluss, künftig Gott durch eine Buß- und Bittprozession um Schutz vor Unglück zu bitten. Früher war dieser Festtag am Montag vor St. Margareta (13.Juli) ein städtischer Feiertag gewesen, an dem sich das Volk von Münster zur öffentlichen Prozession getroffen hat, um danach in den Außenkneipen der Stadt das obligatorische Dicke-Bohnen-Essen mit Korn und Bier und Limonade zu sich zu nehmen und den Beginn des Sommers zu feiern.

Wenn die Sonne mitgespielt habe, seien Prozession, Bier und Dicke Bohnen noch mal so »schmackhaft« gewesen. Wer hat heute noch, so erinnert er, ein Verständnis dafür, dass guter Glaube und gutes Essen eine Einheit bilden und Anlass zu einer gemeinsamen städtischen Feier auch an einem Werktag sein können? Das Feiern habe sich individualisiert oder sei hier und da sogar zum Objekt eines Tauschhandels geworden: »Die Evangelischen mussten sich von Staats wegen mit dem Buß- und Bettag in die Pflegeversicherung einkaufen.« Und er kommt nostalgisch zitierend auf die Dicken Bohnen zurück, die zur Großen Prozession in Münster gehörten wie das Amen zum Vaterunser:

Jau, de schönste Tied von'n Summer,
Is de Grautebaunentied -
In de Grautebaunentied,
Buk, wär mi no maol so wied!

Doch seine Kritik verbiss sich nicht an punktuellen Erscheinungen. Für ihn, der für die CDU nicht nur gelaufen, sondern gerannt war, um dieses oder jenes zu erreichen, war es betrüblich, festzustellen, dass die ehrenamtlichen »Renner« immer weniger wurden. Die Abnahme der ehrenamtlichen Tätigkeit, in welchen Vereinen auch immer, wurde für ihn zu einer entscheidenden Wegmarke in unserer Gesellschaft. »Wenn wir in unserer Gesellschaft nur noch bezahlte Funktionäre haben, die tätig werden, wenn Geld springt, können wir unseren Laden dicht machen.«

Die Diskussion über die Aufwertung des Ehrenamtes in der CDU und allgemein in unserer Gesellschaft nahm stets einen breiten Raum in den Gesprächen mit Heinrich ein. Man konnte den Eindruck gewinnen, dies seien für ihn die bedeutendsten Zukunftsfragen der Partei und unserer menschlichen Gesellschaft: Christlich glaubwürdig sein und der neuen Generation eine nicht nur auf Geld beruhende Hoffnung anbieten.

Heinrich erfuhr eine Bestätigung seiner Haltung an seinem Wohnort in Coerde, der seit der umfangreichen Bebauung des Stadtteils Ende der sechziger Jahre parteipolitisch als eine Domäne der SPD angesehen wurde. Mitglieder der Jungen Union, die ihm auch als treue Kolpingsöhne bekannt waren, hatten sich zusammengefunden, um Coerde für die CDU zu gewinnen. Das ging nicht von heute auf morgen, und vermögende Sponsoren standen auch nicht zur Verfügung, um die Aktivitäten der jugendlichen Politiker zu finanzieren. Gewiss, hier und da konnten Flugblätter und Handzettel kostenlos gedruckt oder vervielfältigt werden, und manchmal wurde auch ein Bier oder eine Cola spendiert. Doch die Hauptarbeit bestand im Planen, Diskutieren, Entwerfen, Verteilen, Ankleben, in Hausbesuchen, Telefongesprächen und in der Bereitschaft, Zeit für eine Sache zu opfern, deren Erfolg keineswegs sicher war.

Heinrich erlebte die Genugtuung, dass man Erfolg nicht kaufen, wohl aber selbstlos »erdienen« kann: In Coerde wurden im Verlauf einiger Jahre die parteipolitischen Machtverhältnisse zu Gunsten der CDU beträchtlich verändert. Und aus den damaligen Mitgliedern der Jungen Union sind inzwischen etliche sogar gestandene Ratsmitglieder geworden.

»Wer dient, verdient sich nicht nur Ansehen, sondern manchmal auch noch ein Amt, und das zu Recht«, meinte er.

Coerde – Suche nach der heilen Welt

Heinrich wusste, dass er in Münster die am meisten fotografierte Persönlichkeit war. Und er bekannte, dass er diese Tatsache genossen habe. Darum sei er samstags an den Sommertagen gern als Kiepenkerl über den belebten Prinzipalmarkt gegangen, habe das »Klick, klick« der Fotokameras wie Musik in sich aufgenommen und großzügig den fragenden Stadtbesuchern (»Dürfen wir mal?«) erlaubt, ihn abzulichten.

Doch dies war die »öffentliche« Seite des Heinrich Morthorst. Da gab es aber auch noch die private, die dem öffentlichen Rummel abgeneigte Seite mit dem Verlangen nach Ruhe, Stille und Einkehr in die Familie. Die Erfüllung dieses Wunsches war jedoch in der in der Stadtmitte gelegenen Bolandsgasse kaum möglich. Der Arbeitslärm blieb in den Ohren hängen und erlaubte kein Abschalten vom Tagesgeschäft. Auch konnte man im Zentrum der Stadt im Verlaufe der Zeit immer weniger von einer Nachbarschaft sprechen, da die tagsüber hier Beschäftigten nur noch in wenigen Fällen auch hier wohnten. Der Stadtkern entvölkerte sich immer mehr; der Zug aufs Land war zeitgemäß.

Auch Heinrich suchte daher nach einer Wohnung, die ihm in der Natur Ruhe und Geborgenheit bot und ihm durch ein Leben im Kreis vertrauter Menschen die früher in Oldenburg genossene kleine heile Welt vermittelte.

St. Norbert in Coerde.

Er hatte erfahren, dass der im Norden von Münster gelegene und an Greven grenzende Stadtteil Coerde im Rahmen eines Demonstrationsprojekts der Landesregierung von der städtischen Wohnungsbaugesellschaft »Deutsches Heim« bebaut werden sollte. Coerde war früher teilweise ein Truppenübungsplatz und lag in umittelbarer Nähe der berüchtigten Rieselfelder. Auch hatten die Bombenangriffe des letzten Krieges noch etliche Trichter hinterlassen, die zu Brutstätten für Mücken geworden waren. Doch der für etwa 10 000 Bürger geplante neue Vorort von Münster bot durch seine direkte Einbindung in die vom Dortmund-Ems-Kanal durchkreuzte Parklandschaft verlockende Ansiedlungsmöglichkeiten. Heinrich, ohnehin mit den Bauangelegenheiten der Stadt bestens vertraut, folgte dem Rat seiner Freunde und erwarb das Eckgrundstück eines dreiteiligen Reihenhauses, eben Breslauer Straße 109. Das Grundstück war 360 Quadratmeter groß, der Garten 280.

Heinrich war die Entscheidung leicht gefallen, da er von seinem neuen Wohnort aus die Bolandsgasse mit dem Bus in 20

Zwischen Kiepe und Kreuz

Minuten erreichen konnte. Wichtiger aber war für ihn die Tatsache, dass er in Coerde viele Freunde aus der Politik und aus dem Handwerk wiederfand, die ebenfalls dem Trend in die Natur gefolgt waren.

In Coerde traf er auch seinen Kriegskameraden aus der russischen Gefangenschaft, Felix Müller, wieder. Müller war nach seiner Priesterweihe als Jugendpfarrer in der Stadt Münster tätig gewesen. Als 1965 die Pfarrei St. Norbert in Coerde nach ihrer Abpfarrung von Kinderhaus gegründet wurde, ernannte Bischof Dr. Joseph Höffner ihn zum ersten Pfarrer dieser etwa 5 000 Katholiken zählenden Gemeinde. Nicht zuletzt fiel die Wahl des Bischofs auch deshalb auf den in Oberschlesien geborenen Pfarrer, weil ein großer Teil der Bewohner aus den ehemaligen deutschen Ostgebieten stammte.

Hier also konnte Heinrich mit seiner Familie »vor Anker gehen«. »Das ist eine gute Wohngegend hier. Die Nachbarschaft ist gut, und ich fühle mich sehr wohl«, so beurteilte er den Wohnungswechsel.

Zu Hause wie in Oldenburg

Er lebte sein Leben in Coerde so natur- und menschenverbunden wie in Oldenburg. Die Türen standen – sobald er aus der Bolandsgasse zurückgekehrt war – so weit offen wie daheim in Dinklage. Und immer kam für die Gäste etwas auf den Tisch: Plätzchen, ein Schnäpschen, Wein, Bier oder Saft. Und er hatte Zeit und widmete sich dem Gast, als habe er den ganzen Tag schon auf ihn gewartet. Nicht immer war dies die wahre Erholung für seine Frau Agnes, die zwischendurch schon mal ein paar Lidschläge Schlaf nahm. Schließlich hatte sie neben der Arbeit im Haus und in der Küche auch noch den Garten zu versorgen, der allerdings in seiner grundsätzlichen Anlage nach Heinrichs Vorstellungen möglichst naturnah hergerichtet worden war. Alle Pflanzen und Bäume sollten ungestört den eigenen Wachstumsgesetzen folgen.

Da Heinrich bekanntlich viele Freunde hatte, die ihm bei der Ausstattung des Gartens eine Freude machen wollten, brachten diese in den ersten Jahren oft einen oder zwei kleine Bäume mit.

Über die im Verlaufe der Jahre immer größer werdenden Bäume unterhielt Heinrich seinen Kontakt mit diesen Weggefährten. Nach etwa 30 Jahren hatte er in seinem kleinen Garten mehr als 25 »Gedenkbäume« seiner Freunde. Und zu jedem wusste er eine Geschichte zu erzählen. Gab ihm schon einmal ein Nachbar den guten Rat, doch an diesen oder jenen Baum die Axt anzulegen, dann war dies für ihn gleichbedeutend mit einem Anschlag auf den Spender dieses Baumes. Die Tatsache, dass der Himmel für ihn und seine unmittelbaren Nachbarn durch die Hochgewächse getrübt wurde, bedeutete für ihn einen natürlichen Schutz vor der Sonne und zugleich die Hereinnahme der Natur in sein Wohnzimmer, das man ja mit elektrischem Licht oder mit einer stimmungsvollen Kerze erhellen konnte.

Und wenn Heinrich angesichts der unter seinem Hauseingang angesiedelten Karnickelherde nur freudig feststellen konnte: »Ne, so was Liebes«, wiesen die Nachbarn auf seine und ihre abgefressenen Blumen hin. »Aber irgendwovon müssen die Tiere doch leben«, war sein Kommentar.

Sein Heim in der Breslauer Straße wurde für die immer größer werdende Familie zum traditionellen Treffpunkt. Zu Weihnachten schmückte er einen vor dem Wohnzimmer stehenden »Gedenkbaum« mit elektrischen Kerzen, später ließ er ihn von einem seiner Söhne schmücken. Im Wohnzimmer gab es neben dem Klavier einen zweiten Tannenbaum, davor die großangelegte Krippe und die für die Geschenke reservierten Plätze. Auf dem Tisch häuften sich bereits die von seinen Feunden aus Politik und Handwerk vor Weihnachten überreichten Gaben. Dass Weihnachten nahte, war für die Nachbarn schon etliche Wochen vor dem Fest an Fingerübungen für die Weihnachtslieder zu erkennen. Jedes Kind – später galt dies für die Enkelkinder in gleichem Maße – glaubte sich musikalisch veranlagt und ließ nicht nur Heinrich und Agnes an dieser Freude teilnehmen.

Der 1. Weihnachtstag war traditioneller Treffpunkt in der Breslauer Straße. Nach dem jahrelang üblichen Gänsebraten wurde am Nachmittag in mehreren »Schichten« Kaffee getrunken. Dann wurde vor dem Weihnachtsbaum gesungen, und das Lied »O Tannenbaum« war für Heinrich nicht denkbar ohne die ihm aus dem Jahr 1919 bekannte Ergänzung: »...der Kaiser hat in'n Sack gehau'n.«

Zwischen Kiepe und Kreuz

Rosenmontag 1981 mit dem Prinzen Dieter Jochheim und zwei lustigen Enkelkindern.

Zum Ritus der familiären Begegnungen gehörte für die Kinder und später für die Enkelkinder der Besuch des Rosenmontags-Zuges. Wenn Heinrich mit seiner Kinder- und Enkelschar von den Jecken auf den Wagen erkannt wurde, war der Bonbonsegen natürlich besonders reichlich. Der Tag schloss mit dem Essen der in der Bolandsgasse aufgewärmten »Berliner«.

Der Gang zum Send war ein weiterer jahreszeitlicher Höhepunkt. Neben den Karussells stand jedoch der Pommes- und Currywurst-Stand von Köhne im Mittelpunkt, den Heinrich etliche Jahre mit seinen Brötchen beliefert hatte. Der Gang über den Send war für die Kinder oft schleppend langweilig. Immer wieder hörten sie »Heinrich, Heinrich«-Rufe und mussten stehen bleiben und warten, bis Heinrich das Gespräch mit seinem Bekannten beendet hatte.

Als schön wurde von allen empfunden, dass in der Familie alle Altersklassen vertreten waren. Und kamen neue Gäste hinzu, wurden sie herzlich empfangen. Tochter Elisabeth brachte einmal eine farbige Freundin aus Amerika mit. Heinrich, der die Haustür geöffnet hatte, rief ganz begeistert zu seiner Frau: »Mama, kuck mal, hier ist jemand, der ganz schwarz ist.«

Als die ersten Enkelkinder sich einstellten, wurde Opa Heinrich – wohl wie alle Opas – zum »Hoppe Reiter«. Allerdings sang er dieses bekannte Kinderlied in seiner plattdeutschen Variante: »Wenn dat Perd nao Ollenburg geit...«. Man weiß nicht, wer bei diesem Spiel das größere Vergnügen hatte, der »Hoppe-Reiter« oder das lachende Kind. Das Lachen in Heinrichs Gesicht war jedenfalls mehr als die Freude eines Großvaters über sein Enkelkind. Die Kinder merkten ihm an, dass er selber gern wie ein Kind spielte und sich immer noch wie ein Kind freuen konnte.

In einer gewissen Weise pflegte Heinrich bewusst den Kontakt mit den Jugendlichen in seiner Nachbarschaft. Feten waren ja nicht selten unter den Halbwüchsigen angesagt, die sich natürlich um so lieber trafen, wenn die Eltern einmal das Haus verlassen hatten. Die jungen Leute konnten damit rechnen, dass Heinrich irgendwann vor der Tür stand, um, wie er sagte, ein wenig mitzufeiern. Er kam ja nicht im Auftrag der Eltern, um »nach dem Rechten« zu schauen. Er wollte einfach mit dabei sein, trank ein oder zwei Schnäpschen und unterhielt sich interessiert mit den ihm bekannten Jugendlichen und freute sich immer wieder, wenn er neue kennenlernte. Für ihn waren das notwendige Begegnungen, die ihn, wie er sagte, »mit dem Zeitgeist auf dem Laufenden hielten«. Die Jugendlichen hingegen sahen in ihm einen Erwachsenen, mit dem man offen über alles reden und dem man auch vertrauen konnte.

Heinrichs letzter und liebster Verein

Heinrich war Mitglied in 19 beitragspflichtigen Vereinen. Der 20. Verein, mit dem er zu tun hatte, kam so zustande:

Immer wieder stellt man in Neubaugebieten fest, dass die dort siedelnden Bürger nicht nur die gleichen Interessen, sondern oft auch die gleichen Probleme haben. So kam also eines Tages eine Nachbarin zu Heinrich und fragte ihn, ob er nicht eine Leiter habe, die bis an die Dachrinne reiche. Ein Kind hatte seinen Ball auf das Dach des Hauses geschossen, und der lag nun in der Dachrinne. Nein, eine Leiter habe er nicht, sagte Heinrich und fuhr sogleich fort, aber er wolle sich um eine solche kümmern. Das schien nicht so einfach zu sein. Irgendwoher hatte er schließlich eine Leiter beschafft, und der Ball konnte dem wartenden Knaben zurückgegeben werden. Doch Heinrich hatte mit seiner Nachbarin das Problem erkannt: »Wenn die Blagen nun wieder den Ball in die Rinne schießen, oder wenn die Äpfelbäume in unseren Gärten so groß geworden sind, dass wir die Äpfel nicht mehr mit der Hand pflücken können – wir brauchen hier in unserer Reihe eine Leiter, nicht für jeden eine eigene Leiter, sondern eine Leiter für alle. Wir gründen eine Leitergenossenschaft, die jedem Genossen die Nutzung dieser gemeinschaftlichen Leiter unter zumutbaren Bedingungen ermöglicht.«

Die Leitergenossenschaft als letzte Gründung.

Gesagt, getan! Innerhalb kurzer Zeit hatten die »Genossin« und der »Genosse der 1. Stunde« dieser Leitergenossenschaft neun erwachsene Mitglieder gewinnen können, zu denen 25 Kinder gehörten. Heinrich schlug vor, die Leiter für die Genossenschaft auf dem Frühjahrssend in Münster zu kaufen, da hier bekanntlich ein großes Angebot an Leitern gegeben sei. Und so geschah es also:

Die Leiter wurde gekauft, und der neue Verein unter dem Namen »Leitergenossenschaft Sankt Gertrud« gegründet, da der Frühjahrssend damals auch noch unter dem Namen dieser Heiligen (Festtag am 17. März) bekannt war. Der geschichtlich bewusste Heinrich legte großen Wert darauf, dass die Mitglieder der Leitergenossenschaft St. Gertrud auch die Hintergründe ihrer lokalen Coerder Organisation zur Kenntnis nahmen. Also: Die heilige Gertrud (626-659) stammte aus dem fränkischen Königshaus und hat als Äbtissin von Nivelles in Frankreich viel für die kulturelle Ausbreitung des Christentums unternommen. Es blieb nicht aus, dass sich die Christen des Mittelalters in vielen Angelegenheiten an sie um Hilfe wandten. Es wird berichet, dass der Teufel, um sie bei der Andacht zu stören, einmal in Gestalt einer Maus erschienen sei. Doch Gertruds Gebet habe die Maus vertrieben, und so wurde sie zur Patronin gegen die Mäuseplage. Die Künstler stellten sie oft mit einer Maus dar, die den Äbtissinnenstab herauf läuft. Und da St. Gertrud es in ihrem Leben darauf angelegt hatte, Frieden unter Unversöhnlichen zu stiften, Fremde einzubürgern und dies alles durch einen gemeinsamen Trunk zu bekräftigen, war die heilige Gertrud für Heinrich Morthorst die beste Schutzpatronin bei der Gründung der Leitergenossenschaft. Er hatte instinktsicher wie immer wieder einmal ein Ziel erreicht, das er als unsichtbares Angebot für seine Mitmenschen in seiner Kiepe mit sich trug: Die Menschen heute suchen mehr denn je in einer isolierenden Gesellschaft nach gemeinsamen Begegnungen und Freunden – auch wenn die Kirche heute als »Institution« nicht mehr bei etlichen Mitmenschen zur Gemeinsamkeit anlockt. Es gibt Heilige genug, die dieses überzeugend vermögen – die heilige Gertrud zum Beispiel.

Heinrich erwies sich hier, ohne sich dessen wohl wesentlich bewusst gewesen zu sein, als ein zeitgemäßer »Laienprediger«, der später ja auch in der Coerder Pfarrkirche St. Norbert zur Gemeinde sprach. Die Verbundenheit mit den Heiligen – natürlich auch mit dem heiligen Norbert, dessen Prämonstratenser-Orden auch in Coerde gewirkt hatte, wovon der große tiefgelegene Fischteich im Coerder Wald zeugt – waren für Heinrich eine verpflichtende Erinnerung an die Kultur, der wir in unseren jeweiligen Wohngebieten verbunden sind. Münster müsse in seinen Stadtteilen sein nachbarschaftlich-kulturelles Erbe wahren durch eine verstärkte Rückbesinnung auf die Vergangenheit. Doch wer soll das tun? In Coerde half ihm dabei St. Gertrud.

Fremd waren sich natürlich auch die meisten Neubürger in Coerde –, man musste sie also miteinander bekanntmachen. Und schaden konnte es nicht, wenn man etwas unternahm, um ein gutes Einvernehmen unter den Nachbarn zu fördern. Wer hatte schließlich etwas gegen einen guten Trunk, um alle diese Ziele der »Leitergenossenschaft St. Gertrud« zu verfolgen?

Zwischen Kiepe und Kreuz

Ohne schriflich fixierte Paragraphen hatte Heinrich alles bereits festgelegt: Man brauche zunächst eine Fahne. Die wurde von einem weiblichen Mitglied im Format eins zu zwei Meter mit einer schräg über die ganze Fläche reichenden Leiter genäht. Und für die »internen Sitzungen« benötige man einen Tischwimpel »met Müskes op den Stab van de hillige Gertrud«. Natürlich wurde auch dieser Wimpel in Stickarbeit für die Leitergenossenschaft hergestellt.

Das von Heinrich entworfene Reglement für die Leitergenossenschaft sah jährlich zumindest einen Sendbesuch vor, um die inzwischen bei den Leitern eingetretenen Preissteigerungen zu vergleichen. Er führte dabei seine »Genossen« und »Genossinnen« und deren zahlreiche Kinder an den Stand von Köhne, wo Pommes und Würstchen zum Genossenschaftstarif verkonsumiert werden konnten.

Die Regularien in Coerde schrieben neben der Bereitschaft zur gegenseitigen Hilfe vor allem ein »Sommer-Biwak« vor, das reihum einmal im Jahr alle Mitglieder verpflichtete, als abendlicher Gastgeber für die Genossen, deren Kinder und für Freunde und Gäste aufzutreten. Zur Einladung wurden Plakate in die Fenster gestellt. Die inzwischen von einem baskischen Künstler verzierte Leiter wurde vorgezeigt, die Leiterfahne gehisst, und auf dem Tisch des Vorstands stand der Mäusewimpel. Überflüssig zu erwähnen, dass der Erfolg dieser Treffen vor allem auch bei den jugendlichen Teilnehmern garantiert war.

Doch Heinrich hatte noch ein Problem: Die Zeit vom Herbstsend bis zum Frühjahr sei eigentlich zu lang. Man müsse ein Programm zur winterlichen Überbrückung haben. Er hatte sich auch schon etwas einfallen lassen. Ein ehrenamtliches Mitglied, sozusagen als Förderer für eine Winterveranstaltung, sei nicht schlecht. Er fand einen Landwirt aus Gelmer, und damit war das Winterprogramm der Leitergenossenschaft mit Wurste- und Leberbrot und »leckeren Süppchen«, mit Bier und »Körnchen« gesichert.

Heilmittel gegen die Vereinsamung

Diese ursprünglichen Aktivitäten der Leitergenossenschaft zeugten wiederum neue nachbarschaftliche Geselligkeiten: Man kam zum Doppelkopp zusammen, traf sich mit dem Fahrrad zu einem Ausflug, besichtigte den Hof des »ehrenamtlichen Mitglieds«, oder – wie seit Jahren in Coerde geübt – die Kinder nutzten die Familien der Leitergenossenschaft als Halte- und Aufwärmestation während des Schulweges von Gelmer zur Friedensschule im Westen der Stadt und zurück nach Haus.

Was vielleicht als Jux aussehen mag, hat doch in seinem Kern jenen Gewinn, dass die Vereinzelung etlicher Nachbarn durch Heinrichs vielseitige Anregungen abgebaut oder zumindest gemindert werden konnte. Doch dies gelang nur, weil dahinter als Ziel die zweckfreie Begegnung mit dem Nächsten stand. Wer Bekehrungsabsichten für diese oder jene Richtung mitgebracht hätte, war nach dem Programm von Heinrich Morthorst hier völlig fehl am Platz.

Als die Leitergenossenschaft zum Tod seiner Frau Agnes für ihren Kranz eine eigene Widmung verfasst hatte, nahm er später diese Schleife vom Friedhof mit in sein Haus. Er wollte sie, in Verbindung mit der eigenen von der Leitergenossenschaft St. Gertrud bei seinem Tod erhofften Schleife auf seinem Grab wiedersehen.

Die Leitergenossenschaft St. Gertrud war eine Sache für die unmittelbaren Nachbarn. Doch Heinrich sah sich auch den Mitgliedern der weiterreichenden Nachbarschaft verpflichtet. So kam er auf die Idee, Nachbarschaftstreffen für die angrenzenden Straßenbereiche zu schaffen. Er wollte, trotz einiger Hemmungen aus dieser oder jener Richtung, der Wohngemeinschaft zu einem allgemeinen Wertgefühl verhelfen: »Wir sind hier wichtig in dieser Nachbarschaft, weil wir die einzigen sind. Andere wohnen hier nicht.«

War der Tag für Heinrich gelaufen, wünschte er gelegentlich das Gespräch mit seinen näheren Nachbarn und Freunden. Zu diesem Zweck läutete er dann eine Glocke, die auf der Terrasse seines Gartens hing. Die Heckengrenze zwischen ihm und seinem unmittelbaren Nachbarn war an einer speziellen Stelle durch eine Thekenleiste ersetzt worden, die immerhin so groß war, dass darauf einige Biergläser Platz fanden. Wenn Heinrich mit seiner hellen Glocke zum Dämmerschoppen läutete, wussten die Nachbarn, was die Stunde geschlagen hatte.

Der der CDU angehörende frühere Innenminister von Niedersachsen, Dr. Egbert Möcklinghoff, hat Heinrich Morthorst einmal bestätigt, er könne eigentlich jeden Posten ausfüllen, auch den eines Bischofs, wenn er Theologie studiert hätte. Heinrich hat das entschieden

Heinrich beim Studieren seiner Termine.

zurückgewiesen, er sei nur Messdiener gewesen. Doch in Coerde betätigte er sich schließlich über das Messdienerdasein hinaus.

In dem von einem Bauernhof stammenden Pfarrer von St. Norbert, Heinrich Wernsmann, fand er einen priesterlichen Gesinnungsfreund, mit dem er nicht nur »Platt küern«, sondern auch denken konnte. Wernsmann war der Nachfolger des ersten Coerder Pfarrers Felix Müller.

Wernsmann hatte offenbar Heinrichs zunehmende Einsamkeit und seine abnehmende Beweglichkeit erkannt. Zwar hielt Heinrich nach wie vor sein täglich geregeltes Leben ein: »Man muss immer wissen, was die Stunde geschlagen hat, sonst verläuft man sich in der Zeit und im Leben.« Da war um 8.30 Uhr der Gang zum Bäcker, um die Brötchen für's Frühstück zu holen. Dann kam ein Weißkohl in den Korb, Milch und Butter. Der Weißkohl zum Mittag war fast so etwas wie ein Traditions-Essen, das er auch allein zubereiten konnte.

Danach folgte das Lesen der »Westfälischen Nachrichten«. Die Lösung des darin enthaltenen Kreuzworträtsels gehörte zu seinen täglichen »Hausaufgaben«, die gleich nach dem Frühstück erledigt wurden. Und wenn man in den Büros, in den verschiedenen Dienststellen der Stadt und der Unternehmungen die Post geöffnet, gelesen und Weisungen erteilt oder entgegen genommen hatte, machte sich Heinrich ans Telefonieren. Ließ es das Wetter zu, drehte er nachmittags seine Runden durch den Coerder Wald. Doch diese Runden wurden immer enger.

Heinrich Wernsmann wusste natürlich, dass Heinrich nach wie vor etwas zu sagen hatte, obwohl seine öffentlichen Auftritte von Jahr zu Jahr geringer wurden. Also bat er ihn, doch der St.-Norbert-Gemeinde etwas auf Platt zum Erntedankfest zu sagen. Heinrich tat das mit großer Anteilnahme. Für ihn als Bäckermeister, der mit Korn und Brot zu tun hatte, der aber auch den Hunger der Kriegszeiten kannte, schien es kein dankbareres Thema zu geben. Und die Gemeinde dankte ihm mit Beifall. Nein, meinte Heinrich, predigen wolle er nicht, das sei dem Klerus vorbehalten. Doch warum sollten sach- und lebenskundige Christen nicht einen Beitrag zum Sonntagsthema eines Gottesdienstes leisten?

Heinrich wurde im Verlaufe der Zeit wiederholt gebeten, im Gottesdienst sich zu Wort zu melden. Es ging dabei dann u.a. um Themen wie Arbeit, Feste feiern, ein altes Jahr beenden und ein neues beginnen. Für ihn war diese neue kleine Herausforderung ein Anlass, sich auf den jeweiligen Sonntag vorzubereiten, in der Heiligen Schrift zu lesen und über das Thema nachzudenken. Er wurde für etliche, die er dann gelegentlich ansprach, oder die ihn zu seinem Thema angerufen oder angesprochen hatten, zum Coerder »Ortsphilosophen«.

Sein beliebtester Denk- oder Philosophierplatz war der, wie er ihn nannte, »Martin-Holland-Sitz«, ein leicht erhöhter Rastplatz mit zwei Bänken und einem kleinen Tisch, etwa einen Kilometer von Heinrichs Haus entfernt in den Rieselfeldern gelegen. Heinrichs Parteifreund Martin Holland hatte sich als Bezirksvorsteher des Stadtteils Münster-Nord für die Errichtung dieses Platzes eingesetzt. »Von hier aus kann man auf Coerde zurückblicken«, meditierte Heinrich einmal, »ohne dass man zu viele Einzelheiten sieht. Man muss auf sein ganzes Leben zurückblicken, ohne sich in Einzelheiten zu verlieren. Wer sich an Einzelheiten festbeißt, kann sich an seinem Leben als Ganzem nicht erfreuen. Mein Leben war schön.«

Häufiger wurden bei ihm die nachbarschaftlichen Gespräche, je mehr er seine zunehmende körperliche Begrenzung erfuhr.

Zwischen Kiepe und Kreuz

Heinrichs »Philosophensitz« in den Rieselfeldern:
Der weite Blick ist besser als das Starren auf Kleinigkeiten.

Doch von Ruhestand wollte er nichts wissen. Und immer aktiv müsse man sein. »Sieh zu, dass du immer noch etwas Sinnvolles zu tun hast. Wenn du einmal den Kopf in die Hand zum Abstützen gelegt hast, schläfst du ein, zuerst für einen Augenblick und dann für immer.«

Für ihn bestand eine sinnvolle Tätigkeit darin, montags den Nachbarn ihre geleerte Mülltonne von der Straße wieder ans Haus zu rollen. Er versah diesen Nachbarschaftsdienst bis in seine letzten Tage, die er in Coerde verbrachte. Für die Nachbarn wiederum war das pünktlich gegen neun Uhr zu vernehmende Rollgeräusch der Tonnen ein gutes Zeichen dafür, dass Heinrich aktiv war. Unterblieb dieses Lebenszeichen mit Hilfe der Mülltonnen, so war das ein Anlass, einmal nachzuschauen, was denn mit Heinrich los sei.

Am 19. November 1999 war frühmorgens der erste Schnee gefallen. Das Mülltonnengeräusch war nicht zu hören. Vielleicht war es der Schnee, der das Rollen verstummen ließ? Die Nachbarn schauten auf den Weg, der von der Straße zum Haus führte. Auf dem Weg waren keine Spuren zu sehen. Vielleicht schlief Heinrich heute ein wenig länger.

Wenig später vernahm man in der vom Schneetreiben düster-schummerig gestimmten Morgenzeit Hilfe-Rufe. Und »Aua, Aua« war zu hören. Die Nachbarn machten Heinrichs Garten als Herkunftsort der Hilferufe aus. Und dort fanden sie ihn auch: Er war auf dem Weg zu seinem Hausarzt gewesen, weil er sich nicht wohl fühlte. Von dort aus wollte er noch zur Apotheke, hatte den Weg nach Hause eingeschlagen, schließlich warteten ja noch die Mülltonnen der Nachbarn auf ihn. Inzwischen hatte es zu schneien begonnen. Heinrich nahm den Weg zu seinem Haus durch den Garten. Dass die Waschbetonplatten auf seinem Gartenweg sich unter der Macht der immer größer und gewaltiger werdenden Bäume mittlerweile gehoben und verschoben hatten, so dass man nur noch von einem gefährlichen Stolperweg sprechen konnte, wusste Heinrich. Doch unter dem Verdeck des Schnees hatte er einige Stolperplatten nicht beachtet, war ausgeglitten und auf den Rücken gestürzt. Allein konnte er sich nicht aus dieser Lage befreien. So rief er also um Hilfe.

Die Nachbarn kamen und brachten ihn ins Haus. »Es ist nichts passiert. Ich bin nur ausgerutscht, das kann ja jedem bei diesem Wetter passieren. Macht kein Theater.« Aus dem »Theater«, das sich gegen den Willen von Heinrich nicht vermeiden ließ, wurde ein mehrfacher Krankenhaus- und Pflegeheimaufenthalt. Und das ausgerechnet zu jener Zeit, da nicht nur er, sondern auch etliche seiner Freunde bereits damit begonnen hatten, sich auf seinen 90. Geburtstag am 2. März 2001 einzustellen.

Heinrich wollte ursprünglich »partout« keinen 90. Geburtstag feiern. »Ich hab' schon so viele Feiern gehabt, und jetzt reicht es.« Seine Freunde hielten dagegen, dass er sie doch nicht um ein so großes und für Münster bedeutendes Fest bringen könne. Nach dem Geburtstag könne er ja mit dem lieben Gott darüber verhandeln, wann der Zeit für einen Himmelsempfang des Kiepenkerls von Münster habe. Heinrich willigte in den »Deal« mit dem lieben Gott ein, nicht ohne immer zu erwähnen, dass es jetzt eigentlich mit der Feierei um seine Person ein Ende haben solle.

Man muss die Feste feiern

Recht hatte er. Kein Geburtstag eines Bürgers der Stadt war so intensiv gewürdigt und gefeiert worden wie der von Heinrich Morthorst. Schon zu seinem 65. am 2. März feierte man ihn als einen »engagierten Bürger und profilierten Münsteraner«. Heinrich hatte sich nach einem längeren Krankenhausaufenthalt rechtzeitig zu Hause eingefunden, um die Glückwünsche für die Verdienste um die Stadt, die Gesellschaftsvereinigungen und um das Bäckerhandwerk entgegenzunehmen. Gewürdigt wurde von den durch Heinrich betreuten Vereinen, dass er oft in die eigene Tasche gegriffen habe, um die von ihnen erwartete Aktivität zu ermöglichen.

Als Heinrich 75 wurde, war aus ihm bereits ein münsterisches Original aus dem Oldenburgischen geworden. Leute wie er seien selten, hieß es. Heinrich, der mal gern von Münster aus in die Welt gefahren sei, habe es immer wieder schön gefunden, nach Münster zurückkehren zu können. Man lobte ihn als einen Mann mit Humor und Tiefsinn. 400 Gäste – oder wie er es zu sagen beliebte: Freunde – kamen im Gasthaus Leve zusammen, um dem Mann zu gratulieren, »der zu Recht als einer der letzten Originale der Westfalenmetropole bezeichnet wird« (»Münstersche Zeitung«). Heinrich Morthorst habe wie kaum ein anderer vor ihm das Bild des münsterschen »Paohlbürgers« geprägt, obwohl er eigentlich aus dem Oldenburgischen stamme.

Als Heinrich 80 Jahre alt wurde, ernannten ihn die »Westfälischen Nachrichten« zum »Botschafter mit Kiepe«. Heinrich Morthorst habe als Botschafter Münsters westfälischen Humor und münsterländische Lebensart in der Gestalt des Kiepenkerls weit über die Region hinausgetragen. Er sei bekannt als liebenswertes Original, seine plattdeutschen Reden zeugten von Humor, Tiefsinn und Lebensweisheit. Er sei ein Helfer und Freund des Menschen, nie aufdringlich, aber in seiner Art doch unverwechselbar.

Fünf Jahre später, bei Heinrichs 85., schwollen die Lobreden erheblich mehr an. Er nahm sie mit Freude, Wohlwollen und Genugtuung zur Kenntnis: »Ich hab' doch schließlich etwas für alle getan!« Niemand zweifelte daran und fühlte sich eigentlich durch Heinrichs Selbstsicherheit darin bestätigt, dass er Gutes getan habe und nun auch darüber öffentlich reden dürfe.

Die Oberbürgermeisterin Marion Tüns und der Oberstadtdirektor Dr. Tilman Pünder würdigten Heinrichs »bleibende Verdienste«, »die Sie sich um den Ruf und das Ansehen der Stadt Münster, um die kommunalpolitische Arbeit und um das menschliche Miteinander in unserer Stadt erworben haben. Sie sind ein Botschafter des westfälischen Humors und der münsterländischen Lebensart. In der Gestalt des Kiepenkerls haben Sie diese Botschafterrolle in geradezu vorbildlicher Weise ausgeübt, und zwar nicht im Stil einer vordergründigen Heimattümelei, sondern immer auch mit dem Blick für die Verbindung von Historie und Zukunftsvisionen. Ihre über Münster hinaus bekannten persönlichen Spruchweisheiten zum Sinn des Lebens und zur Bewältigung von Alltagsproblemen haben Ihnen das Renommee eines münsterländischen, ja westfälischen Originals eingetragen, auf das Ihre Mitbürgerinnen und Mitbürger zu Recht stolz sind. Das sagen wir mit Respekt, Anerkennung und Dank.«

Die Handwerkskammer Münster würdigte Heinrich mit diesen Sätzen:

»Altwerden, das ist Gottes Gunst, jung bleiben, das ist Lebenskunst – sagt ein Sprichwort. Mit Deiner körperlichen Aktivität und geistigen Regsamkeit vollbringst Du, lieber Heinrich, dieses Werk meisterlich. Durch Deine sympathische Wesensart und Dein von Engagement und Kompetenz getragenes Wirken in der Kommunalpolitik, in der Heimatpflege und im Dienst für andere Menschen hast Du Dir weithin Achtung und Anerkennung erworben. Gern sprechen auch wir Dir zu dieser willkommenen Gelegenheit unsere besondere Wertschätzung aus.«

Der Bischof von Münster, Dr. Reinhard Lettmann, dankte Heinrich Morthorst für sein »lebendiges Mittun aus christlicher Überzeugung in unserer Kirche und unserer Gesellschaft«. Die Bürgermeisterin Marie-Theres Kastner schrieb in ihrer Gratulation an das »Geburtstagskind, das über Jahrzehnte hinweg als Kiepenkerl den Menschen Freude bereitet hat«: »Sie haben Ihr Wirken stets zum Wohle der Bürgerinnen und der Bürger eingesetzt und die Politik immer als Möglichkeit verstanden, etwas für die Gemeinschaft zu tun und gestalterisch einzugreifen. Die

Zwischen Kiepe und Kreuz

Heinrich bei den »Bösen Geistern« von Münster.

CDU in Münster konnte immer auf Ihre Kompetenz vertrauen und sich auf Ihren Rat stützen. ... Ich bin sicher, dass die Rückschau auf so ein Lebenswerk Sie stolz macht und Ihnen über die schweren Stunden der letzten Zeit hinweggeholfen hat. Möge Ihnen der Herrgott für die nächsten Lebensjahre die Kraft verleihen, dass wir noch lange Freude mit Ihnen haben.«

Heinrich fand vor seinen Gästen auch diesmal die passenden Worte. Er dankte »als junger 85er, der allemal besser dran ist, als ein alter 84er«. Und: »Bei meinem 90. Geburtstag sehen wir uns wieder!«

Zum 85. Geburtstag hält Regierungspräsident Dr. Jörg Twenhöven die Ehrenansprache auf Heinrich.

Ausgang einer Lebensfeier

Für Heinrich war das Leben – trotz aller Enttäuschungen, Leiden und »Malästen« – immer wie ein kleines Fest. »Der Herrgott will in unserem Leben Spaß mit uns haben und wir mit ihm.« »Wer macht denn solch eine gute und schöne Schöpfung –, nur um sich zu ärgern?«

Heinrich hätte Grund genug gehabt, in seinen letzten Lebensjahren mit dem lieben Gott zu hadern. Krankenhaus- und Pflegeheimaufenthalte lösten sich ab. Er war schließlich auf den Rollstuhl angewiesen, um sich fortbewegen zu können. Dieses alles nahm er einigermaßen mit Fassung auf, obwohl er sich manchmal sagte, in diesem Alter sei unter diesen Lebensbedingungen das Stöhnen auch erlaubt. Doch das Klagen dürfe die Freude nicht übertönen.

Dankbar war er seiner Familie, seinen Freunden aus der Politik, dem Handwerk und den vielen Vereinen, die ihn aufsuchten und ihn im Rollstuhl durch die Stadt »kutschierten«, wie er lobend anzumerken pflegte. So blieb er immer noch im Kontakt mit dem Markt auf dem Domplatz, mit seiner »Lieblingskneipe« Lewe, mit dem Mühlenhof –, mit seiner Heimatstadt Münster.

Doch alle ihm entgegenbrachte freundschaftliche Fürsorge und Hilfsbereitschaft seitens seiner Freunde und vor allem der Schwestern und Helferinnen ließen ihn nicht vergessen, dass er jetzt kurz vor seinem 90. Geburtstag »ein Fall« geworden war, der zudem nicht mehr über ein eigenes Haus verfügte, in das er nach seinem Belieben Gäste einladen konnte. Und da hatte er doch noch ein paar Flaschen Wein von einem Landwirt in Coerde geschenkt bekommen, der ihn früher oft zur Jagd eingeladen habe. Was also machen wir jetzt mit dem Wein, war seine große Frage. Früher, so meinte er, sei alles sehr einfach gewesen. Er hätte die Glocke geläutet, und man habe sich dann am Tresen auf der Grenze seines Grundstücks zum Nachbarn gefunden. Aber jetzt habe er kein Zuhause mehr, stellte er resignierend fest.

Doch die Nachbarn wussten Rat: Unter dem nach wie vor gemeinsamen Dach könne man sich auch heute noch treffen, um den Wein zu verkosten. Und so geschah es dann auch, obwohl allen anwesenden Mitgliedern der Leitergenossenschaft St. Ger-

Zwischen Kiepe und Kreuz 115

Der 90. Geburtstag – das letzte große Fest im Mühlenhof: Regierungspräsident Dr. Jörg Twenhöven gratuliert.

Heinrich Krimphove, Freund, Nachbar und Kollege, gratuliert »seinem« Heinrich.

Der »fromme Heinrich«, Pfarrer Wernsmann, mit dem »weisen Heinrich«.

Auch zum 90. immer noch beweglich dank der fürsorglichen Hilfe durch die Familie und die vielen Freunde.

trud ein wenig »mulmig« ob der möglichen Reaktionen von Heinrich war: Die »Gedenkbäume« aus seiner frühen Coerder Zeit waren allesamt gefällt worden. Der Mieter seines Hauses war ebenfalls anwesend, und was Heinrich sonst durch die ihm angeborene Großzügigkeit selbst angeboten hatte, musste er nun entgegennehmen.

Der Fahrdienst der »Malteser« hatte ihn pünktlich in seinem Rollstuhl und über alle Hindernisse der Stufen und Treppen hinweg vorgefahren. Sein Blick ging vom Grundstück des Nachbarn zu seinem jetzt baumlosen Garten. »Sieht so auch nicht schlecht aus«, meinte er. Und so lange er unter dem gemeinsamen Dach von früher sitzen könne... »Wollen wir doch erst einmal den Wein probieren und auf die gute vergangene Zeit trinken!« Und der Berni und die Heidi in seinem Haus seien ja auch schon Mitglieder der Leitergenossenschaft geworden und Jochen und Martha von gegenüber ebenso, also gehe es in Coerde mit der guten Nachbarschaft ja wohl weiter. Natürlich komme er wieder, wenn ihm der Bauer noch mal ein paar Flaschen schenke. Allerdings hätte er wegen seines 90. Geburtstages dem lieben Gott einen Handel vorgeschlagen: Erst noch mal deftig feiern, »und dann werden wir sehen«.

Natürlich wurde der 90. Geburtstag von Heinrich Morthorst gebührend gefeiert. Zunächst in der »Friedrichsburg«, wo sich die Familie des »Ober«-Kiepenkerls mit den Schwestern des Hauses und der städtischen politischen Prominenz traf. Heinrich sei ein »Glücksfall für Münster« gewesen, stellte die Heimatpflegerin Ruth Betz fest. Natürlich gab es auch wieder neue Orden, unter diesen war der Diamantene Meisterbrief der Bäcker-Innung. Heinrich ermunterte seine Gäste aus dem Rollstuhl heraus, sie sollten »dem Guten dienen, denn das Böse kommt von selbst.«

Einen Tag nach seinem Geburtstag gab es im Gräftenhof des Mühlenhof-Freilichtmuseums für Heinrich Morthorst einen offiziellen Empfang, zu dem 150 Gäste geladen waren. Der Regierungspräsident Dr. Jörg Twenhöven würzte seine Laudatio auf den »Kiepenkerl mit dem Computer in der Kiepe« mit einigen Anekdoten aus Morthorsts Leben, dessen Grundlagen nicht zuletzt Glaube und philosophischer Humor gewesen seien. Twenhöven erinnerte an seine Studentenzeit: »Auf dem Weg zum Ju-

Zwischen Kiepe und Kreuz

Prost auf ein gutes und schönes Leben!

ridicum hab' ich mir immer in Heinrich Morthorsts Bäckerei frische Brötchen gekauft, weil die beileibe nicht klein waren.« Und der Regierungspräsident fuhr fort: »Heinrich Morthorst ist für das Münsterland mehr als nur ein Kerl mit Kiepe. Mit Herz und Kiepe auf dem richtigen Fleck und philosophischen Lebensweisheiten hat er vielen Menschen Freude gemacht und geholfen. Schon zu Lebzeiten hat er in den Herzen der Münsteraner einen dauerhaften Platz erobert.«

Vorbildlichen Familiensinn und Uneigennützigkeit bescheinigte der CDU-Ehrenvorsitzende Dr. Friedrich Jahn seinem Parteifreund: »Edel sei der Mensch, hilfreich und gut – du bist es, Heinrich!« Als »unerreicht« würdigte Jahn die druckreifen Lebensweisheiten, die »Mundwerk-Meister« Heinrich Morthorst seinen Weggefährten seit vielen Jahren mitgegeben habe. »Mit Sprüchen wie ›Der Preis der Feiheit ist zwar hoch, aber nie zu teuer‹ oder deinen Neujahrsgruß 2001 unter dem Motto ›In der Freude für den Augenblick‹ zeigst du uns immer wieder, worauf es ankommt.«

Und das sagten andere:

Heinrich Morthorst ist für mich ein münsterisches Urgestein im besten Sinne – ein Paohlbürger, wie er im Buche steht.
Dr. Berthold Tillmann, Oberbürgermeister

Ich bewundere seinen Humor, seine Lebensweisheit und sein phänomenales Gedächtnis – mit dem er auch zeigt, wie sehr ihm andere Menschen am Herzen liegen.
Ruprecht Polenz, Kreisvorsitzender der CDU

Heinrich Morthorst ist ein Philosoph des Handwerks. Er hat sich stets uneigennützig für andere eingesetzt – und das auf eine für das Handwerk Beispiel gebende Art.
Hans Rath, Präsident der Handwerkskammer Münster

Heinrich Morthorst war in den Anfangsjahren des Mühlenhofes der erste Kiepenkerl, und er ist bis heute ein wichtiger Botschafter für das Freilichtmuseum. Zudem ist er 'nen düftigen Kiärl, auf den man sich immer verlassen konnte.
Tono Dreßen, 1. Baas des Vereins »De Bockwindmüel«

Heinrich Morthorst ist für mich ein weiser Mann, ein Mann der Freude und Dankbarkeit. Er ist die Mitte unserer Familie. Und was ich besonders toll finde: Dass er trotz seines Alters noch so offen ist. Er akzeptiert jedes Familienmitglied so, wie es ist. Und auch, wer neu in die Familie kommt, ist sofort willkommen.
Maria Morthorst, Schwiegertochter

Heinrich Morthorst ist ein Inbegriff für Münster und das Land drumherum – und auch wenn er aus dem Oldenburger Land kommt, passt er wunderbar hierhin.
Willi Niemann, Geschäftsführer des Mühlenhof-Museums

Heinrich Morthorst ist ein guter Freund für alle Kollegen – und ein Vorbild für uns alle.
Bernd Pohlmeyer, Obermeister der Bäckergilde

Zwischen Kiepe und Kreuz 119

Die Stimmung dieses Tages, an dem das reiche Leben von Heinrich Morthorst gewürdigt wurde, fasste »Holsken-Hannes« in einer plattdeutschen Verse-Widmung zusammen, die von der »Münsterschen Zeitung« veröffentlicht wurde:

Kumpelment, Henrich!

*90 büs un eenen Dagg,
knätskedi un dunnerslagg!
Trocks uut't Ollenburgske Land
hierhen aan den Aoseestrand,*

*büs en Mönstersken gau wuorn.
No in Kaisers Tied gebuorn,
mosses du'n Suldaoten wäern,
bes nao Rußland hen marscheer'n,*

*kamms iärst '47 wier,
häs die engageert dann hier
in Beroop un Politik,
hars up beide Kämpe Glück,*

*äs de Düftige et hät.
Wat mi di gralleeren löött,
is ansunners eene Saak:
Henrich Morthorst, Kärl, wu faak*

*kammen wi us in de Mööt',
du in Holsken mährst de Fööt,
up den Puckel diene Kiep,
in de Muule diene Piep',*

*un dann küüerden wi blaots platt
üöwer Mönsterland un -stadt.
Wat för Mönster wao und wann
alles dais, nümms seggen kann.*

Mönster häs repräsenteert.
Auk de Paopst hät van die lährt,
wat et met us up sich hät,
namm en dicken Schinken met.

Ähr dat ick an quatern fank,
leiwen Henrich: Ich segg Dank,
Dank för alls, watt du häs daon
för dat Platt. Gued sall 't di gaohn!

Wahr dien Hiärt di, dien'n Humor
un dien uoppen Aug' un Aohr.
Dat giff för de Siäle Lucht.
Henrich Morthorst, haoll di fucht!

Heinrich in seinen eigenen Worten

Die Jungen, die groß und alt werden wollen, brauchen die Eltern und Alten zum Aufschauen beim Wachsen und zu ihrer Orientierung beim Großwerden.

Die Dankbarkeit ist ein Fundament der Freude.

Wir glauben, dass wir füreinander da sind. Wir hoffen, dass wir zueinander gehören, und wir lieben, weil wir miteinander leben. Denn die Vergangenheit bindet uns. Die Gegenwart trägt uns. Die Zukunft aber wird uns enger zusammenführen, weil die Gegenwart unauflöslich ist. Unser Leben ist unser Licht.

*Die Freude kann man verschenken.
Der Schmerz kommt immer wieder von selbst.*

Jede Frau ist eine Dame, und jede Dame ist eine Königin. In der Farbenpracht eines großen bunten Blumenstraußes spiegelt sich der Glanz ihrer Augen wider, ist der Pulsschlag ihres Herzens spürbar, mehr aber noch die liebende Wärme ihrer Seele.

*Im Danksagen begegnen wir uns täglich.
In der Bitte sind wir ständig unterwegs.*

Wer die Vergangenheit nicht achtet,
hat kein Recht, die Zukunft zu gestalten.

Der Statistik entsprechend werden die Frauen älter als
die Männer. Doch das ist nicht richtig ausgedrückt:
Sie leben länger.

Das Leid sucht einen überall heim.
Vor allem in der Familie, wo man es nicht gebrauchen
aber am besten bewältigen kann.

Als Nachbarn haben wir zwar Zäune, aber keine Grenzen...

Zünde eine Kerze an. Der liebe Gott kennt die Kerzen
aus der Kirche. Er sieht dich daher lieber im Kerzenlicht
als im Scheinwerfer.

Nichts liegt so nahe zusammen wie die Freude und der
Schmerz. Nichts ist so eng miteinander verbunden, wie
die Liebe und die Dankbarkeit. Darum lasst uns der
Liebe dienen, um die Dankbarkeit nicht zu verlieren.

Viele Menschen beklagen ihr Älterwerden. Aber das
Älterwerden ist die einzige Möglichkeit, um zu leben:
Das Sterben ist lebensgefährlich.

*Ich wünsche ihnen das Glück dieser Stunde.
Ich wünsche ihnen die Freude dieses Tages,
und ich wünsche ihnen den Frieden dieser Zeit.*

*Wenn wir einmal anfangen, für ein Lächeln Geld zu
nehmen, dann ist jede freundschaftliche Begegnung
kaputt.*

*Was haben damals wohl die Gäste bei der Hochzeit von
Kanaa gedacht, als Jesus das Wasser in Wein verwandelte?
Den laden wir auch zu unserer nächsten Hochzeit ein!*

*Und wenn wir weit in die Geschichte der Menschheit
zurückblättern, so sagt da unter anderem der große
griechische Philosoph Sokrates:
»Scio quod nescio«. - Ich weiß, dass ich nichts weiß!
Und Heraklit sagt: »Alles fließt, nichts ist beständig.«
Aktuelle Wahrheiten für heute, vor allem aber für jene,
die sich nicht verändern und alles so gern festhalten
möchten.*

*Wir erleben zeitgeschichtlich eine besondere Ära: Wir
alle leben im letzten Jahrzehnt des letzten Jahrhunderts
in diesem Jahrtausend.*

*Der leibliche Bruder kann dein Freund sein,
der gewählte Freund ist immer dein Bruder.*

Den Kopf in die Hand nehmen und – schlafen

So fanden ihn die Schwestern der »Friedrichsburg« am 29. Juli 2001, als sie Heinrich Morthorst auf den neuen Tag pflegend vorbereiten wollten: Den Kopf offenbar ein wenig verstört in die Hand gelegt und wie zum Schlaf bereit, diesmal für immer. Was er für sich und andere stets zurückgewiesen hatte: Leg den Kopf nicht in die Hand, sonst schläfst du ein, und später für immer –, das hatte ihn jetzt selbst ereilt.

Doch er wusste, dass seine Abmachung mit dem »lieben Gott« irgendwann einmal gültig eingelöst werden würde. So schön das Leben mit seiner Kiepe und trotz der darin verborgenen Kreuze auch gewesen sein mag –, seinen Kopf konnte er in seiner letzten Stunde getrost in die Hand Gottes legen, der ihm jetzt die Kiepe des Lebens abnahm. Was wollte Heinrich am Ende seines Lebens mehr erwarten:

Seinen Freunden hatte er zu einer großen Geburtstagsfeier verholfen. Wörtlich hatte er ihnen versprochen, nicht vor dem 2. März »abzukratzen«, damit noch alle zu einer guten Feier seines Lebens kommen konnten. Er hat sein Wort gehalten. Geblieben ist als sein Vermächtnis: »Wenn wir das Leben nicht feiern, feuert uns das Leben. Also lasst uns lieber mit Freude das Leben feiern.«

Heinrich Morthorst wurde nach dem Seelenamt in seiner von ihm geliebten »Mutterpfarrei« Sankt Lamberti unter einer großen Beteiligung der münsterischen Bürger auf dem Zentralfriedhof beigesetzt. Den Bogen nach Coerde, wo er sich bis zuletzt zu Hause fühlte, schlug der Prediger Pfarrer Heinrich Wernsmann. Regierungspräsident Dr. Jörg Twenhöven drückte in seiner Gedenkrede das aus, was in dieser Stunde viele empfanden: »Münster ist durch den Tod von Heinrich Morthorst ärmer geworden.«

Vieles, das in dieser Abschiedsstunde gesagt wurde, sollte eigentlich festgehalten werden. Doch wenn man Heinrichs letztem Wunsch entsprechen möchte, bleibt es am Ende dieser Aufzeichnungen bei dem bisher Gesagten. Auch hier soll sein Wort abschließend gelten: »Man kann sein Leben nicht wiederholen. Die Chance zum Leben hat man nur einmal.«

Mit seiner Frau Agnes ruht er nun in unmittelbarer Nachbarschaft zu der von ihnen und vielen Menschen hochverehrten seligen Schwester Euthymia.

Heinrich Morthorst: »Wenn man Gott am Ende seines Lebens trifft, ist dies ein guter Anlass für ihn und für uns, diese Begegnung zu feiern.«

Heinrich mit »Püppi« auf dem Weg nach Hause.

Die Herausgabe dieses Buches ist der tatkräftigen Hilfe zweier Frauen zu verdanken: Da ist zunächst Maria Morthorst, Heinrichs Schwiegertochter. Sie hat mit Bienenfleiß und guter Sachkenntnis alles gesammelt, geordnet und dem Autor übergeben, was über ihren Schwiegervater erschienen ist. Heinrichs Schwester Thea, die Schwester Unserer Lieben Frau Maria Birgitta, eine Deutsch- und Lateinlehrerin i.R., hat das Manuskript „gegengelesen", so dass außer der Perspektive des Freundes- und Bekanntenkreises auch die familiäre Erfahrung im Umgang mit Heinrich Morthorst in dieser Biographie ihren Niederschlag gefunden hat.

Bildnachweis

Archiv Aschendorff: 59, 67, 69 u.; Archiv Mees: 33, 56, 103, 109; Archiv Strickmann: 3 o., 7, 9, 14; Averbeck: 10; Beermann: 88; Hagemann: 98; Handwerkskammer: 42; Kleinicke: 61; „Kontar": 55; Krause: 27; LdP I. Korps: 76; Pack: 46; Peperhowe: 43 u.; Preker: 50 u., 113 o.; Stadt Münster: 51 o.; Stadtarchiv Münster: 25; Westfälisches Landesmuseum Münster: 21 o.; alle anderen: Privat.